FRECUENCIAS

Español comunicativo para el siglo XXI

Nivel

Libro del estudiante

A1

Equipo **Frecuencias**

PARTE 1 A1.1

Edi numen

Hugo Roberto Wingeyer, doctor en Lingüística Aplicada, es vicedecano de la Facultad de Humanidades de la Universidad del Nordeste (Chaco, Argentina)
La profesora y escritora Eloísa Covarrubias imparte talleres de narrativa y poesía en el Instituto Sonorense de Cultura (Hermosillo, México)

ISBN - Libro del estudiante: 978-84-91794-51-6
Depósito legal: M-9554-2020

Impreso en España
Printed in Spain
0124

Coordinación pedagógica:
M.ª José Gelabert

Coordinación editorial:
Mar Menéndez

Maquetación:
Juanjo López, Sara Serrano y Elena Lázaro

Diseño de portada y maqueta:
Juanjo López

Ilustraciones:
Carlos Casado

Estudio de grabación:
Producciones Activawords

Impresión:
Gráficas Glodami. Madrid

Vídeos:
Serie *Hostal Babel*, creada y producida por Edinumen

Créditos fotográficos en pág. 108

Editorial Edinumen
José Celestino Mutis, 4. 28028 Madrid. España
Teléfono: (34) 91 308 51 42
Correo electrónico: edinumen@edinumen.es
www.edinumen.es

¡En Edinumen nos apasiona el español!

Desde nuestros inicios hace ya más de 30 años, nuestro objetivo ha sido siempre mejorar la experiencia del aprendizaje de español en todo el mundo. Nos enorgullece decir que el cien por cien de nuestros recursos están dedicados exclusivamente a la enseñanza y aprendizaje de español como lengua extranjera y segunda lengua.

Durante todos estos años, hemos tenido el enorme privilegio de trabajar al lado de entusiastas profesionales del español que viven y desarrollan su labor en multitud de países y, por lo tanto, representan realidades diferentes. Así, hemos constatado los cambios que se han ido produciendo y hemos afrontado juntos nuevos retos para lograr el objetivo que compartimos: que los estudiantes que deciden aprender español sean capaces de disfrutar también de un apasionante universo sociocultural y lingüístico tan completo como enriquecedor.

Este reto es hoy especialmente emocionante. Gracias al desarrollo de las nuevas tecnologías, la interacción entre culturas y personas interconectadas desde todos los lugares del mundo es permanente y se produce a un ritmo inimaginable hasta ahora. Los hablantes de español del siglo XXI son interlocutores en un universo compuesto por realidades lingüísticas y culturales muy diversas que se nutren entre sí.

En los últimos años ha habido un intento justificado de integrar en los materiales didácticos muestras de lengua que se asemejen lo más posible a los modelos reales. En este sentido, **Frecuencias** incorpora, por primera vez en un manual de ELE, una extensa muestra de ejemplos extraídos de las bases de datos o corpus[1] que, siempre al hilo de los contenidos tratados, ilustran variantes de carácter léxico, gramatical o comunicativo con el fin de acercar al estudiante a las diferentes realidades sociolingüísticas hispánicas.

Además, **Frecuencias** se ha desarrollado metodológicamente en dos ejes: el aprendizaje por contenidos y la resolución de tareas que permiten al estudiante poner en práctica los conocimientos adquiridos anteriormente, lo que favorece un aprendizaje activo y eficaz.

Por último, queremos destacar la colaboración entre **Edinumen**, especialistas en ELE, y la **Real Academia Española (RAE)** en la génesis del proyecto, así como el asesoramiento de la RAE en el uso de los corpus y su revisión final del presente trabajo. Sin su ayuda y apoyo este manual no podría haber visto la luz.

Estamos muy ilusionados de presentar este nuevo manual de ELE, que da respuesta a las necesidades de estudiantes y docentes para un aprendizaje real en el siglo XXI.

[1] Colección de textos de todos los países hispanohablantes en formato electrónico, con varios millones de palabras, que la Real Academia Española (RAE) ha codificado y clasificado y que permiten la búsqueda a través de formas, lemas, categorías gramaticales, zonas geográficas, etc.

Especialistas en ELE

FRECUENCIAS

Frecuencias es el nuevo curso de español que da respuesta a las necesidades de estudiantes y docentes para un aprendizaje real en el siglo XXI.

Frecuencias sigue las recomendaciones del *Marco común europeo de referencia para las lenguas (MCER)* y su sílabo se ha elaborado a partir del *Plan curricular del Instituto Cervantes*.

El curso favorece un aprendizaje **activo**, de manera que el conocimiento de la lengua es **real**, **significativo y adaptado** a las **necesidades** del estudiante.

Una propuesta metodológica eficaz

Frecuencias combina el **aprendizaje por contenidos** con la **resolución**, en una fase posterior, de **tareas** en las que el estudiante tiene que poner en funcionamiento los conocimientos adquiridos previamente. Esta combinación facilita el aprendizaje, ya que los contenidos se van presentando **de manera progresiva** a lo largo de los apartados, de modo que el estudiante, al enfrentarse a las tareas, ha adquirido ya todas las herramientas que necesita para resolverlas con éxito.

Las actividades que se presentan son **significativas social y emocionalmente**, conectan con el estudiante y lo involucran en su aprendizaje. Estas actividades aumentan la **motivación** y favorecen la asimilación de lo aprendido.

La incorporación de los corpus de la RAE: CORPES XXI y CREA

Frecuencias incluye una extensa muestra de **ejemplos reales** extraídos de los corpus de la RAE para mostrar usos auténticos de lengua, con **variantes** que ejemplifican la riqueza lingüística del mundo hispánico, algunas **frecuencias** de uso y **combinatoria** de palabras, así como fenómenos de carácter **gramatical o comunicativo**.

Las muestras se destacan claramente en el manual a través de cuadros estratégicamente colocados junto a los contenidos a los que hacen referencia.

> RAE
>
> GRAMÁTICA
>
> En las zonas voseantes de América, el imperativo tiene una forma propia para la persona vos *(hablá, bebé, abrí, empezá, volvé, elegí, tené, hacé, poné, vení, salí, decí...)*: ***Empezá*** *vos, por favor./****Comé, comé****, está muy bueno.*

Una visión global del mundo hispánico

La presencia de aspectos **culturales e interculturales** a lo largo de las actividades, así como en el apartado "Cultura", y la integración destacada de las **variantes hispánicas** facilitan la creación de una conciencia global del mundo hispánico y la adquisición de habilidades de comunicación por parte del estudiante. Todo esto le permite desenvolverse con éxito en una realidad lingüística y cultural tan compleja como la de la comunidad hispanohablante.

Un atractivo y motivador material audiovisual

Frecuencias presenta la serie ***Hostal Babel***, comedia de situación específicamente creada para el manual, en la que, a través de una anécdota y su resolución, se repasan los contenidos de cada unidad. La serie está protagonizada por cinco personajes de distintos países de habla hispana.

Un diseño a doble página que facilita el aprendizaje

Frecuencias aporta un **atractivo y moderno diseño a doble página** que permite presentar los contenidos de manera **motivadora**, **clara y ordenada**, lo que facilita el aprendizaje.

En colaboración con la Real Academia Española (RAE)

La **Real Academia Española (RAE)** es miembro de la Asociación de Academias de la Lengua Española (ASALE), que se formó en México en 1951 y que está integrada actualmente por las veintitrés academias de la lengua española existentes en el mundo (veinte en América, además de España, Filipinas y Guinea Ecuatorial). Su objetivo es llevar a cabo una política lingüística panhispánica trabajando unidas para conseguir la integridad y el crecimiento de la lengua española.

Entre sus logros cabe destacar la publicación, en coautoría, del *Diccionario de la lengua española* a partir de su XXII edición, la *Ortografía* en sus ediciones de 1999 y 2010, y el *Diccionario panhispánico de dudas* (2005), así como la elaboración de distintas bases de datos o corpus.

Frecuencias es un proyecto desarrollado por **Edinumen** con la colaboración de la **Real Academia Española**. Esta colaboración se ha centrado en dos aspectos:

- por un lado, Edinumen ha tomado en consideración los corpus lingüísticos y bases de datos que la RAE ofrece, así como su conocimiento del uso del español, para el desarrollo del curso;
- por otro lado, el manual ha sido revisado por la Real Academia Española como lingüística, léxica y gramaticalmente correcto.

Los corpus: CORPES XXI y CREA

El **Corpus del Español del Siglo XXI (CORPES XXI)** es un proyecto impulsado por la Asociación de Academias de la Lengua Española (ASALE). Está formado por diferentes tipos de textos de todos los países del mundo hispánico. Reúne un conjunto de 400 millones de formas y palabras, con una distribución de un 70 % de América y un 30 % de España, que aparecen en textos producidos a partir de 2001.

El **Corpus de Referencia del Español Actual (CREA)** está diseñado para proporcionar información exhaustiva acerca de la lengua en un momento determinado de su historia y es lo suficientemente extenso para representar todas sus variedades relevantes. Se compone de una amplia variedad de textos escritos y orales, producidos en todos los países de habla hispana entre 1975 y 2004 y en los que es posible la búsqueda por formas, lemas y categorías gramaticales.

Frecuencias, curso de español revisado por la RAE y que incluye muestras auténticas de los corpus lingüísticos.

Estructura del libro

Cada nivel de **Frecuencias** está compuesto por **diez unidades didácticas** estructuradas en ocho apartados con unos objetivos específicos:

- **presentación** de los contenidos de la unidad;
- activación de los **conocimientos previos** de los estudiantes sobre el tema;
- presentación y actividades para la adquisición de **vocabulario**;
- presentación y práctica de los **contenidos gramaticales**;
- **secuencia comunicativa** para poner en práctica los conocimientos adquiridos, a través de tareas significativas y el **desarrollo de las cuatro destrezas**;
- presentación de **contenidos culturales** relacionados con el universo hispánico;
- actividades de **vídeo** sobre la serie *Hostal Babel*, que presenta en un contexto real y cotidiano los contenidos tratados en cada unidad;
- **evaluación** de lo aprendido y reflexión sobre el aprendizaje.

Los diferentes apartados han sido pensados para que se realicen en **una o dos sesiones** de clase cada uno de ellos, dependiendo de las necesidades y la progresión específica de cada grupo de estudiantes.

Las tareas están diseñadas para trabajar en **diferentes dinámicas: de modo individual**, **en parejas**, **en grupos pequeños y todo el grupo**, fomentando de esta manera el trabajo colaborativo y el intercambio de conocimientos entre los diferentes miembros de la clase. Estas dinámicas aparecen indicadas con las siguientes etiquetas:

En parejas **En grupos pequeños** **Todo el grupo**

Cada nivel de **Frecuencias** viene acompañado de un apéndice de **Pronunciación y ortografía** con diez fichas prácticas que trabajan el componente fonético y ortográfico y que pueden presentarse en clase según las necesidades específicas de cada grupo.

La ELEteca (extensión digital)

La **ELEteca** es una completa **plataforma *e-learning*** con funcionalidades y contenidos digitales que facilitan la enseñanza/aprendizaje de la lengua.

La ELEteca de **Frecuencias** ofrece **actividades interactivas** para la práctica en línea de los principales contenidos de cada apartado de las unidades, todo el **material audiovisual** del curso y una gran variedad de recursos tanto para el estudiante como para el docente.

Para entrar en la ELEteca, regístrate con el código que aparece en el interior de la cubierta en:

https://eleteca.edinumen.es/

HOSTAL *Babel*

Frecuencias presenta esta serie de ficción, en la que, a través del humor, se recogen los contenidos principales de cada unidad.

La acción transcurre principalmente en el **hostal Babel**, un lugar de encuentro en el que conviven cuatro estudiantes y Bea, la dueña del hostal.

El hostal Babel es un lugar divertido, familiar y con cierto toque bohemio. Un lugar ideal para vivir innumerables experiencias que acompañarán a los estudiantes a lo largo de todo el manual.

BEA

33 años, española

La dueña del hostal. Una mujer simpática, trabajadora, divertida y dinámica. Siempre de buen humor, lo mismo hace de amiga que de psicóloga o de árbitra en los conflictos que surgen en el hostal.

CARLA

24 años, argentina

Estudiante universitaria de Filosofía. Carla es una chica estudiosa, intelectual y formal. También es muy habladora y un poco "sabelotodo".

TERE

19 años, española

Estudiante de Empresariales, aunque poco amiga de las clases y muy amiga de las fiestas y la diversión. Extrovertida, simpática, dormilona y poco aplicada en sus deberes.

LEO

19 años, español

Estudia Química. Es un chico inteligente, aunque tímido, introvertido y con pocas habilidades sociales. Amante del cine fantástico, los cómics, la parapsicología y los videojuegos.

HUGO

20 años, mexicano

Estudia Veterinaria, es vegano, animalista y amante del yoga y de la vida sana. Aunque tiene algunos conflictos en el hostal, acaba entablando una gran amistad con sus compañeros.

No te pierdas ***Hostal Babel***, un lugar de encuentro para la amistad, la tolerancia y la mezcla de culturas.

Estructura de las unidades y elementos gráficos guía visual

Portada. En ella se encuentran resumidos los objetivos principales de cada unidad, así como imágenes y preguntas que introducen el tema y activan la motivación.

Preguntas de motivación.

Objetivos de aprendizaje.

Dinámica recomendada para las diferentes actividades.

¿Qué sabes? Apartado con actividades para sondear los conocimientos previos de los estudiantes sobre el tema a tratar, a la vez que se anticipa el vocabulario, algunas estructuras gramaticales y elementos culturales de los apartados sucesivos.

Uso de elementos visuales para la realización de muchas de las actividades.

Palabras. Secuencia de actividades de léxico que facilitan el aprendizaje del vocabulario contextualizado según el tema de la unidad. Las actividades están destinadas a que los estudiantes descubran palabras o expresiones y aprendan a combinarlas y a usarlas en contexto. Este aprendizaje se lleva a cabo a través de textos orales o escritos, imágenes, definiciones, cuadros semánticos… que permiten deducir e interpretar su significado.

Cuadro de atención que sirve para resaltar o recordar los contenidos importantes.

En este apartado, los cuadros de la RAE constatan diferencias léxicas entre el español de España y el de América con ejemplos extraídos de los corpus.

Gramática. La gramática se presenta sistematizada a través de cuadros diseñados para facilitar su aprendizaje y de actividades de reconocimiento y práctica guiada de los contenidos tratados.

En este apartado, los cuadros de la RAE presentan información referida a cuestiones gramaticales (contraste entre el español de España y el de América, frecuencias de uso, regímenes verbales, etc.) con ejemplos extraídos de los corpus.

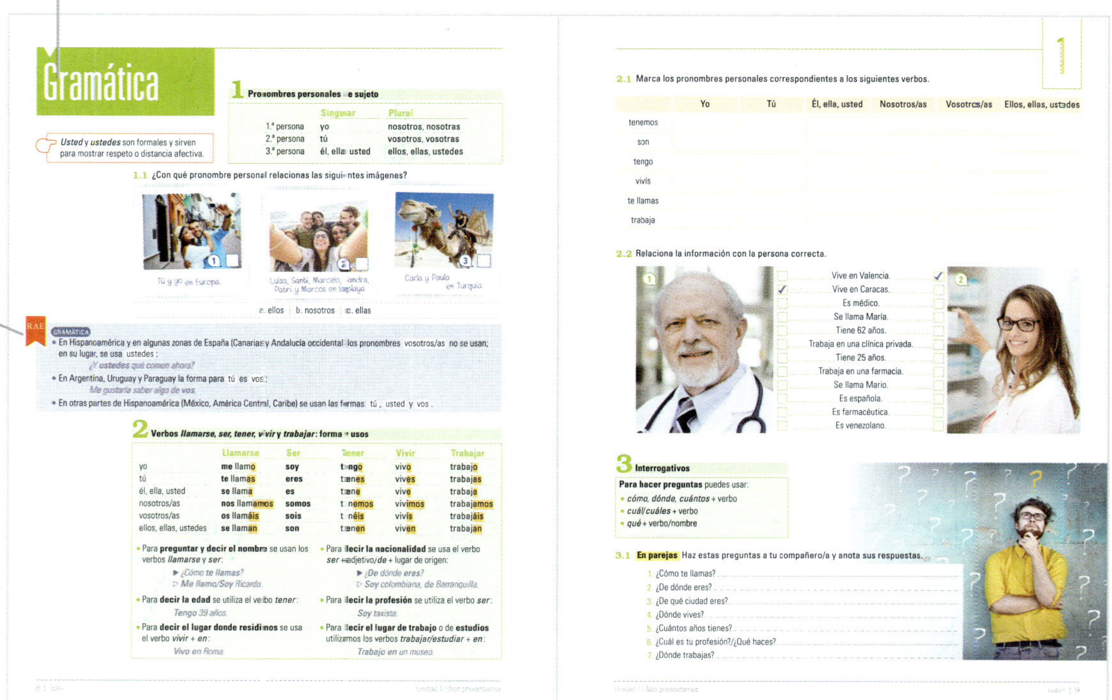

Practica en contexto. El estudiante aprende a interactuar a través de las diferentes tareas presentadas en una secuencia didáctica coherente y significativa. Mediante estas tareas el estudiante pone en práctica los conocimientos adquiridos hasta el momento con actividades de comprensión y producción orales y escritas, interactuando según las diferentes dinámicas propuestas.

Los cuadros funcionales se presentan en el momento adecuado de la secuencia como una herramienta que el estudiante utiliza para resolver con éxito la tarea propuesta.

Cultura. Los contenidos culturales se presentan en una secuencia muy visual y dinámica en la que se tratan temas socioculturales de España e Hispanoamérica.

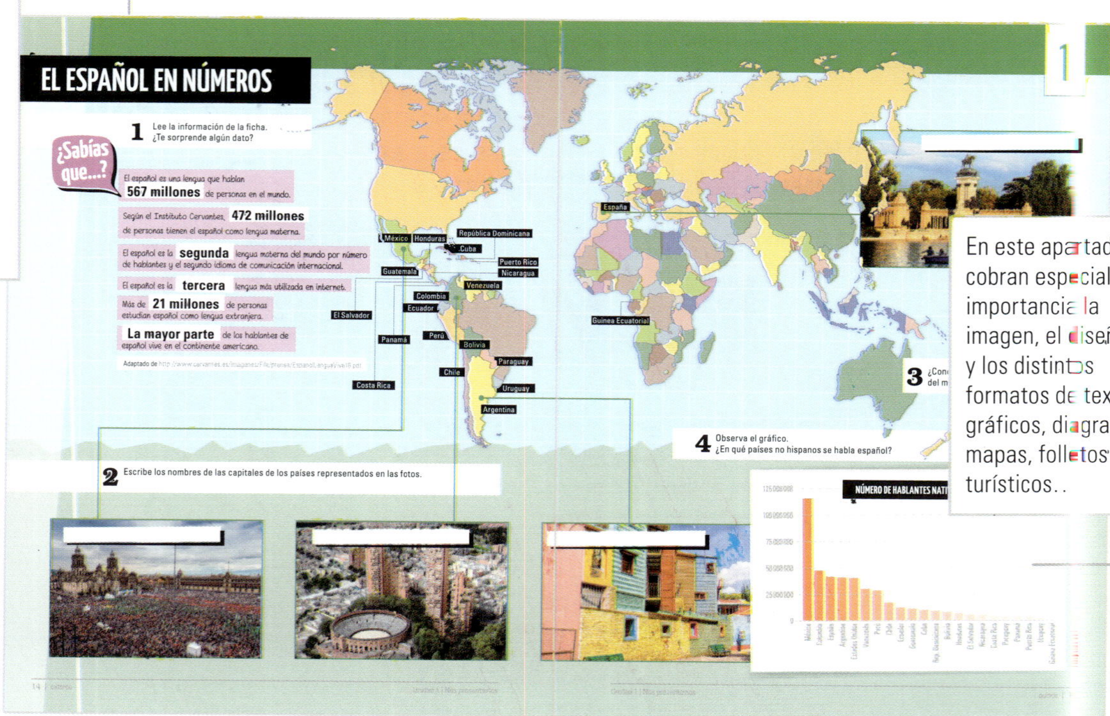

En este apartado cobran especial importancia la imagen, el diseño y los distintos formatos de texto: gráficos, diagramas, mapas, folletos turísticos..

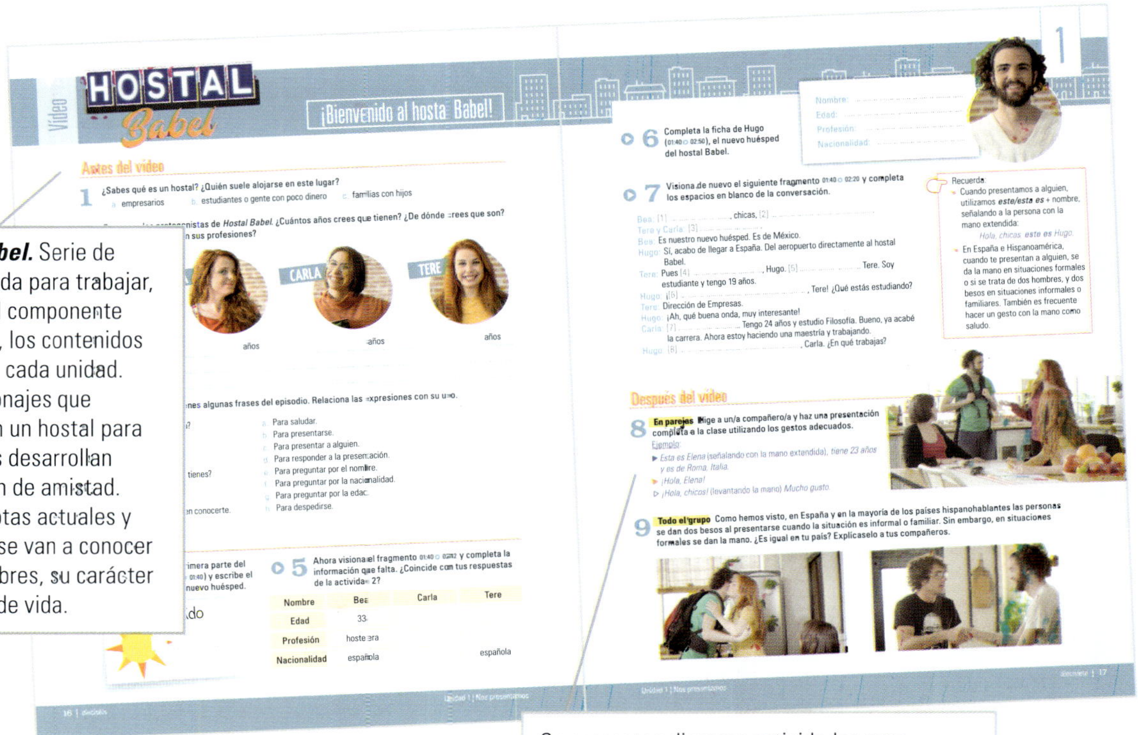

Hostal Babel. Serie de ficción ideada para trabajar, a través del componente audiovisual, los contenidos tratados en cada unidad. Cinco personajes que conviven en un hostal para estudiantes desarrollan una relación de amistad. Con anécdotas actuales y divertidas, se van a conocer sus costumbres, su carácter y su forma de vida.

Se presentan diversas actividades para predecir, comprender y comentar la historia, así como para trabajar la comunicación no verbal.

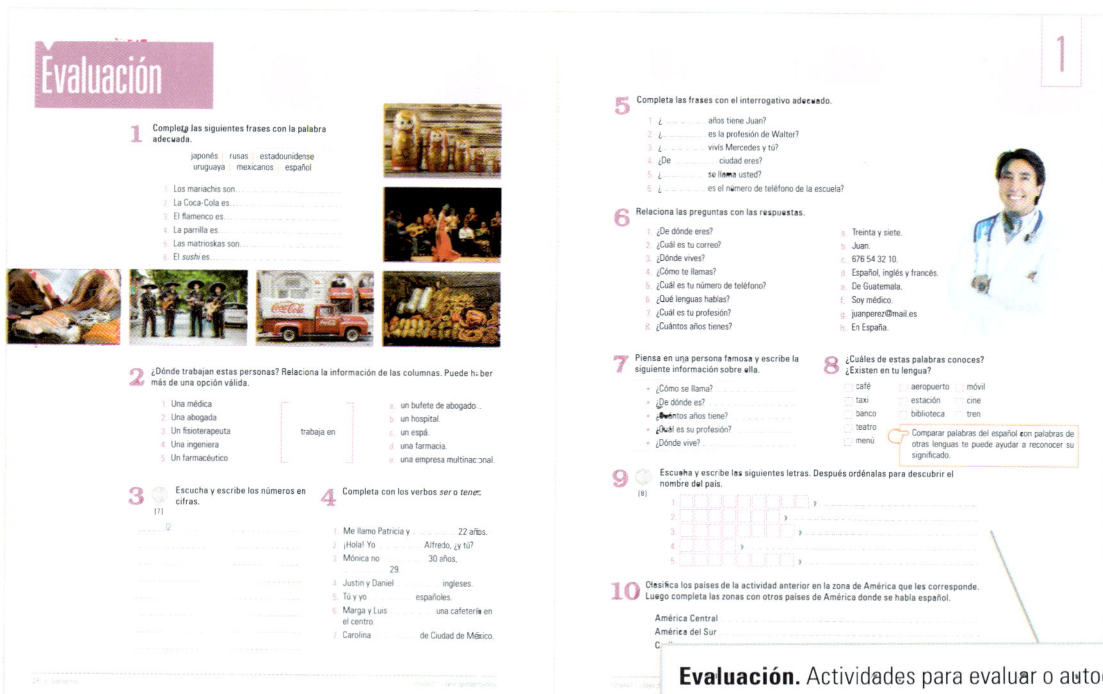

Evaluación. Actividades para evaluar o autoevaluar lo que se ha aprendido en la unidad y que sirven para que el estudiante tome conciencia de su propio aprendizaje. Con ellas, este puede reflexionar acerca de los errores cometidos e identificar aquellos contenidos que necesite repasar.

Índice

	Comunicación	Gramática	Léxico	Tipos de texto	Técnicas y estrategias	Cultura
4 **En familia** pág. 56	• Hablar de la familia • Describir personas • Describir la ropa • Expresar posesión y pertenencia • Hablar de acciones que se están realizando • Señalar personas y objetos	• Presente de indicativo regular: *-ar, -er, -ir* • Adjetivos y pronombres demostrativos • Adjetivos posesivos • *Estar* + gerundio • Contraste *tener/llevar* para describir	• Familia • Léxico para la descripción física y del carácter • Ropa • Colores	• Texto descriptivo: catálogo web de ropa • Texto explicativo: página web de ONG, página de presentación **Vídeo: *Hostal Babel*** • Episodio 4: *Navidad en Babel*	• Usar la misma preposición en preguntas y respuestas • Deducir el léxico a través de un texto e identificarlo con una imagen para formular hipótesis	• Diseñadores de moda del mundo hispano: Narciso Rodríguez, Carolina Herrera, Custo Dalmau y Manolo Blahnik
5 **Igual que todos los días** pág. 74	• Preguntar y decir la hora • Hablar de acciones habituales • Hablar de horarios, fechas y partes del día • Expresar frecuencia y el número de veces que se hace algo • Relacionar dos acciones temporalmente • Ordenar las acciones en el tiempo	• Presente de indicativo irregular: irregularidades vocálicas, primera persona irregular • Verbos reflexivos: *despertarse, vestirse...* • Preposiciones para expresar tiempo • Marcadores para ordenar las acciones: *primero, luego, después, por último*	• Acciones cotidianas • Partes del día • Días de la semana • Meses del año	• Texto informativo: horarios, fechas y partes del día • Texto descriptivo: costumbres de los españoles **Vídeo: *Hostal Babel*** • Episodio 5: *El olor de tu café*	• Asociar palabras con un verbo para hacer combinaciones • Identificar a las personas que hablan con sus imágenes correspondientes	• Horarios españoles

Pronunciación y ortografía pág. 94

Tabla de verbos pág. 99

Glosario pág. 104

España datos de interés

Número de habitantes

47 millones de habitantes

España es el tercer país más visitado del mundo, superado únicamente por Francia y Estados Unidos.

La mayor reserva ecológica de Europa está en España: el parque nacional de Doñana.

Es el cuarto país con más sitios Patrimonio de la Humanidad, por detrás de Italia, China y Alemania.

- Italia (58)
- China (56)
- Alemania (51)
- España (49)

Monumentos más visitados en España:

- La Alhambra (Granada)
- La Sagrada Familia (Barcelona)
- La Mezquita (Córdoba)
- La Catedral de Santiago de Compostela (La Coruña)
- La Catedral de Burgos (Castilla y León)

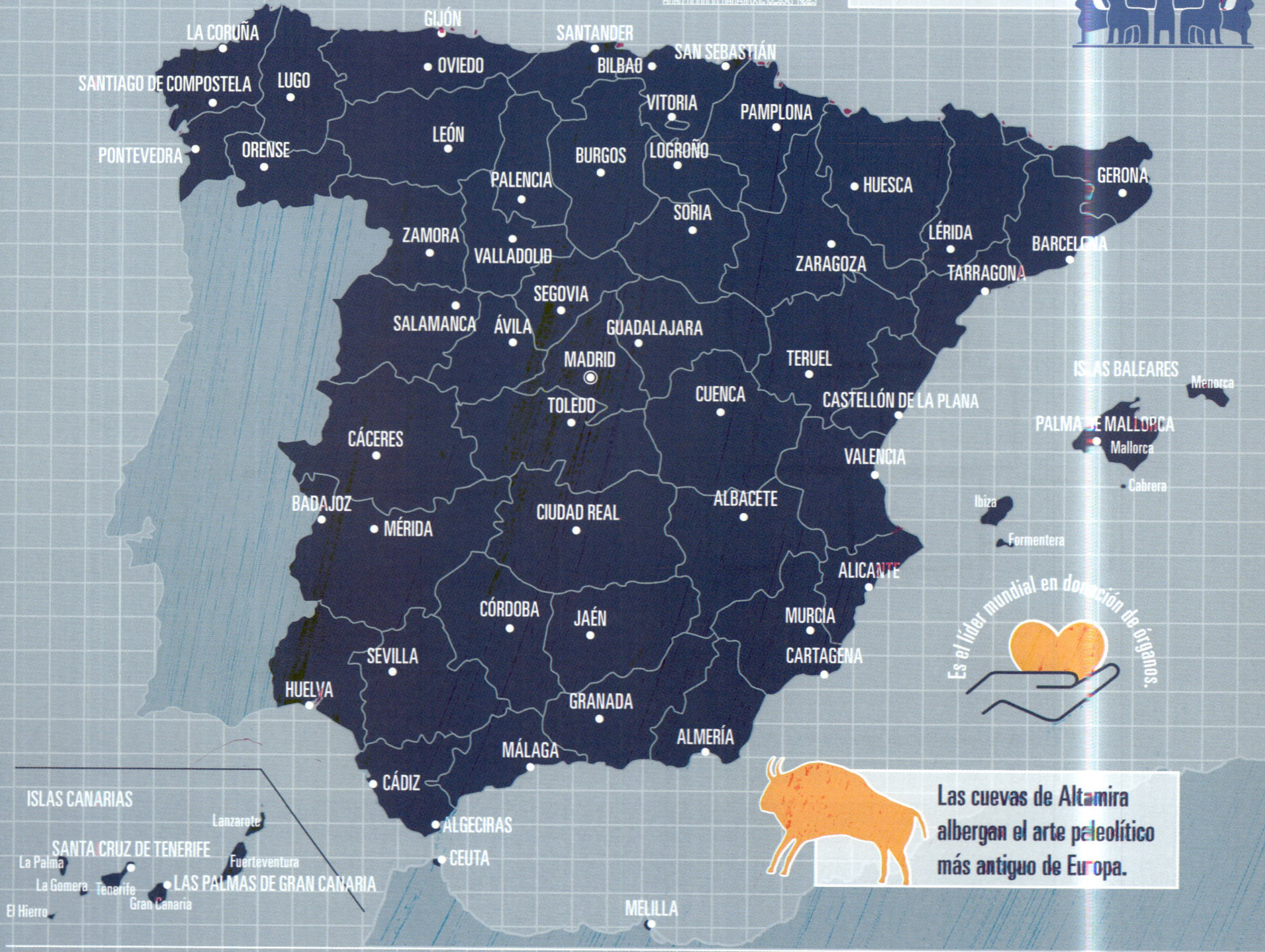

Es el líder mundial en donación de órganos.

Las cuevas de Altamira albergan el arte paleolítico más antiguo de Europa.

Hispanoamérica | datos de interés

Según *National Geographic*, el glaciar Perito Moreno, dentro del parque natural Los Glaciares en Argentina, es el cuarto paraje natural más bello del mundo, y el parque nacional Canaima, en Venezuela, ocupa el lugar número 15.

¡Hola!

La mayoría de los hablantes de español se encuentran en Hispanoamérica:

407 millones de hablantes nativos

Lugares más visitados de Hispanoamérica

- **México** ≃ 41.5 millones de turistas
- **Argentina** ≃ 6.9 (m. t.)
- **República Dominicana** ≃ 6.6 (m. t.)
- **Chile** ≃ 5.7 (m. t.)

Principales culturas precolombinas

- **Azteca** (Sur de México, siglos XIV-XVI)
- **Maya** (México y Guatemala, siglos I-XVII)
- **Inca** (Ecuador, Perú, Bolivia, norte de Argentina y Chile, siglos XV-XVI)

¿Por qué estudio español?

Más de 595 millones de personas hablan español en el mundo. De ellos, 496 millones son nativos.

El español es la **segunda lengua materna del mundo** por número de hablantes, después del chino mandarín.

Es la cuarta lengua más estudiada del mundo después del inglés, el francés y el chino mandarín: actualmente hay casi 24 millones de estudiantes de español en el mundo.

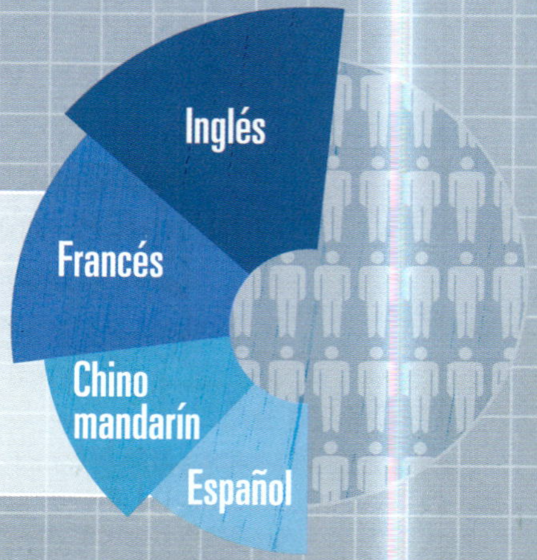

La contribución del conjunto de los países hispanohablantes al PIB mundial es del 6.2 %.

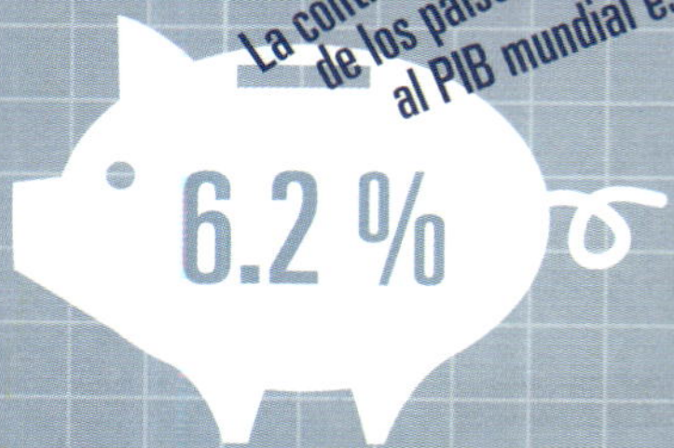

- El español es la tercera lengua más utilizada en la red.
- El 7.9 % de los usuarios de internet se comunica en español.
- El español es la segunda lengua más utilizada en Wikipedia, en Facebook, en LinkedIn y en Twitter.

El español es la segunda lengua más importante en el ámbito internacional.

El español ocupa la cuarta posición en el ámbito institucional de la Unión Europea.

Es la tercera lengua en el sistema de trabajo de la ONU: es una de sus seis lenguas oficiales.

España es el tercer país exportador de libros del mundo.

España, Argentina y México se encuentran entre los quince principales países productores de películas del mundo.

Datos extraídos del informe *El español: una lengua viva*, elaborado y redactado por David Fernández Vítores, y dirigido y coordinado por la Dirección Académica del Instituto Cervantes (2022).

Libro del estudiante

Nivel **A1.1**

Unidad

1

¿Cómo se dice *hola* en tu lengua?

¿Cómo se dice *adiós*?

¿Y *buenos días*?

Nos presentamos

En esta unidad vas a. . .

- Saludar y despedirte
- Presentarte y presentar a otra persona
- Identificarte: nacionalidad, profesión, edad...
- Deletrear palabras
- Conocer la importancia del español en el mundo

¿Qué sabes?

1 **Todo el grupo** ¿Sabes qué significan estas frases?

2 [1] Escucha las letras del abecedario y repite.

ABeCeDario

Aa	a	Gg	ge	Nn	ene	Tt	te
Bb	be	Hh	hache	Ññ	eñe	Uu	u
Cc	ce	Ii	i	Oo	o	Vv	uve
Dd	de	Jj	jota	Pp	pe	Ww	uve doble
Ee	e	Kk	ka	Qq	cu	Xx	equis
Ff	efe	Ll	ele	Rr	erre	Yy	i griega
		Mm	eme	Ss	ese	Zz	zeta

RAE

LÉXICO

En el español de América hay letras que tienen otros nombres:

- b › *be alta* o *be larga*.
- v › *ve, ve baja, ve corta* o *ve chica*.
- w › *ve doble, doble ve*. En México y en algunos países de Centroamérica, *doble u*.
- y › *ye*.

2.1 [2] Escucha el audio y completa los nombres.

1. _ H _ _ _ _
2. _ _ _ I _
3. K _ _ _ _
4. _ _ _ _ _ A
5. M _ _ _ _ _
6. _ _ _ W _

2.2 **Todo el grupo** ¿Cómo se escribe tu nombre? Deletréaselo a tus compañeros.

3 **En parejas** Relaciona las imágenes con los nombres de los países.

3.1 **Todo el grupo** ¿Y tú de dónde eres? Busca una foto de tu país y enséñasela al resto de la clase.

Palabras

1 [3] Estos son los números en español del 0 al 111. Escucha y repite.

Los números

0	cero	11	once	22	veintidós	40	cuarenta
1	uno	12	doce	23	veintitrés	44	cuarenta y cuatro
2	dos	13	trece	24	veinticuatro	50	cincuenta
3	tres	14	catorce	25	veinticinco	60	sesenta
4	cuatro	15	quince	26	veintiséis	70	setenta
5	cinco	16	dieciséis	27	veintisiete	80	ochenta
6	seis	17	diecisiete	28	veintiocho	90	noventa
7	siete	18	dieciocho	29	veintinueve	100	cien
8	ocho	19	diecinueve	30	treinta	101	ciento uno
9	nueve	20	veinte	31	treinta y uno	102	ciento dos
10	diez	21	veintiuno	32	treinta y dos	111	ciento once

1.1 [4] Marca cuál de los dos números oyes en cada diálogo.

1. 67 / 77
2. 2 / 12
3. 3 / 13
4. 2 / 12
5. 60 / 70
6. 50 / 15

2 Observa los nombres de estos países y sus gentilicios (nacionalidades) y deduce la información que falta.

País	Masculino singular	Femenino singular	Masculino plural	Femenino plural
Alemania	alem**án**	alem**ana**	aleman**es**	aleman**as**
Argentina	argentin**o**	argentin**a**	argentino**s**	argentin**as**
Brasil		brasil**eña**	brasileño**s**	
Canadá	canad**iense**	canad**iense**	canadiense**s**	canadiense**s**
Dinamarca	dan**és**	dan**esa**	dan**eses**	
Estados Unidos		estadounid**ense**		
Marruecos		marroq**uí**	marroquí**es**	
Perú			peruano**s**	
Puerto Rico	puertorrique**ño**	puertorrique**ña**		

2.1 Clasifica las nacionalidades según su terminación.

-o/-a	-és/-esa	-ano/-ana	-eño/-eña	-án/-ana	-ense	-iense	-í
argentin**o**/**a**				alem**án**/**ana**			

2.2 **En parejas** Piensa en cinco países más y díselos a tu compañero/a, que tiene que decir el gentilicio (nacionalidad). Puedes consultar el diccionario.

3 **En parejas** ¿Dónde trabajan estas personas? Relaciona las imágenes con las profesiones. Recuerda que, en algunos casos, hay más de una opción válida.

médico/a | recepcionista | camarero/a | cocinero/a | abogado/a
ingeniero/a | enfermero/a | profesor/a | taxista | dependiente/a

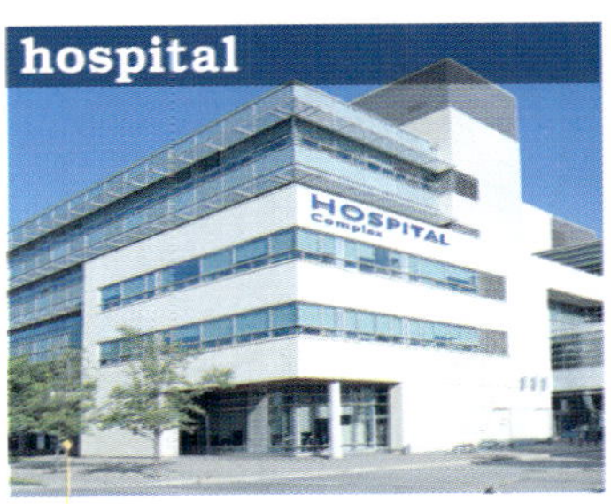

Relacionar imágenes con palabras te ayuda a aprender vocabulario.

3.1 **En parejas** Piensa en otras profesiones y díselas a tu compañero/a. Debe escribir dónde trabajan.

Ejemplo: *piloto - en un avión*

RAE **LÉXICO**
Español de España › camarero/a : *Oiga, por favor, **camarero**, ¿me puede dar un poco de sal?*
Español de América › mesero/a, mozo/a : *El **mesero** se marcha y diez minutos después regresa con un vaso…*

Gramática

Usted y *ustedes* son formales y sirven para mostrar respeto o distancia afectiva.

1 Pronombres personales de sujeto

	Singular	Plural
1.ª persona	yo	nosotros, nosotras
2.ª persona	tú	vosotros, vosotras
3.ª persona	él, ella, usted	ellos, ellas, ustedes

1.1 ¿Con qué pronombre personal relacionas las siguientes imágenes?

Tú y yo en Europa.

Luisa, Santi, Marcelo, Sandra, Patri y Marcos en la playa

Carla y Paula en Turquía.

a. ellos | **b.** nosotros | **c.** ellas

RAE

GRAMÁTICA

- En Hispanoamérica y en algunas zonas de España (Canarias y Andalucía occidental) los pronombres vosotros/as no se usan; en su lugar, se usa ustedes:

  *¿Y **ustedes** qué comen ahora?*
- En Argentina, Uruguay y Paraguay la forma para tú es vos:

  *Me gustaría saber algo de **vos**.*
- En otras partes de Hispanoamérica (México, América Central, Caribe) se usan las formas: tú, usted y vos.

2 Verbos *llamarse, ser, tener, vivir* y *trabajar*: forma y usos

	Llamarse	Ser	Tener	Vivir	Trabajar
yo	**me** llamo	**soy**	**tengo**	vivo	trabajo
tú	**te** llamas	**eres**	tienes	vives	trabajas
él, ella, usted	**se** llama	**es**	tiene	vive	trabaja
nosotros/as	**nos** llamamos	**somos**	tenemos	vivimos	trabajamos
vosotros/as	**os** llamáis	**sois**	tenéis	vivís	trabajáis
ellos, ellas, ustedes	**se** llaman	**son**	tienen	viven	trabajan

- Para **preguntar y decir el nombre** se usan los verbos *llamarse* y *ser*:

  ▶ *¿Cómo **te llamas**?*

  ▷ ***Me llamo/Soy** Ricardo.*
- Para **decir la edad** se utiliza el verbo *tener*:

  ***Tengo** 39 años.*
- Para **decir el lugar donde residimos** se usa el verbo *vivir* + *en*:

  ***Vivo en** Roma.*
- Para **decir la nacionalidad** se usa el verbo *ser* + adjetivo/*de* + lugar de origen:

  ▶ *¿**De** dónde **eres**?*

  ▷ ***Soy** colombiana, **de** Barranquilla.*
- Para **decir la profesión** se utiliza el verbo *ser*:

  ***Soy** taxista.*
- Para **decir el lugar de trabajo** o de **estudios** utilizamos los verbos *trabajar/estudiar* + *en*:

  ***Trabajo en** un museo.*

2.1 Marca los pronombres personales correspondientes a los siguientes verbos.

	Yo	Tú	Él, ella, usted	Nosotros/as	Vosotros/as	Ellos, ellas, ustedes
tenemos						
son						
tengo						
vivís						
te llamas						
trabaja						

2.2 Relaciona la información con la persona correcta.

1		2
☐	Vive en Valencia.	✓
✓	Vive en Caracas.	☐
☐	Es médico.	☐
☐	Se llama María.	☐
☐	Tiene 62 años.	☐
☐	Trabaja en una clínica privada.	☐
☐	Tiene 25 años.	☐
☐	Trabaja en una farmacia.	☐
☐	Se llama Mario.	☐
☐	Es española.	☐
☐	Es farmacéutica.	☐
☐	Es venezolano.	☐

3 Interrogativos

Para hacer preguntas puedes usar:

- ***cómo*, *dónde*, *cuántos*** + verbo
- ***cuál*/*cuáles*** + verbo
- ***qué*** + verbo/nombre

3.1 **En parejas** Haz estas preguntas a tu compañero/a y anota sus respuestas.

1. ¿Cómo te llamas? ....
2. ¿De dónde eres? ....
3. ¿De qué ciudad eres? ....
4. ¿Dónde vives? ....
5. ¿Cuántos años tienes? ....
6. ¿Cuál es tu profesión?/¿Qué haces? ....
7. ¿Dónde trabajas? ....

Practica en contexto

1 [5] Escucha estas presentaciones de profesionales y completa la información que falta.

1  2  3  4  5 

	1	2	3	4	5
Nombre:		Marina	Malthe	Sara	
Edad:			40 años	30 años	27 años
Profesión:	diseñadora gráfica	conductora		panadera	
Nacionalidad:	peruana				mexicano
Lugar de residencia:		Kiev	Madrid		
Lugar de trabajo:	empresa de publicidad	empresa de transporte de viajeros			compañía multinacional

Preguntar y dar información personal
- ¿Cómo se llama?
- ¿Cuántos años tiene?
- ¿De dónde es?
- ¿Dónde vive/trabaja?
- *¿Cuál es la profesión de* + nombre?
- *Se llama* + nombre
- *Tiene* + edad
- *Es* + nacionalidad/*Es de* + país
- *Vive/Trabaja/Estudia en* + lugar
- *Es* + profesión

1.1 Contesta a las siguientes preguntas.

1. ¿Cómo se llama la panadera? ....
2. ¿Cuántos años tiene Malthe? ....
3. ¿Cuál es la profesión de Carlos? ....
4. ¿Dónde vive Marina? ....
5. ¿Dónde trabaja Paula? ....

RAE

LÉXICO

Español de España › conductor, chófer : *Se tarda entre 30 y 40 minutos; indicad al **conductor** que vais a las ruinas...*
Español de América › chofer : *El **chofer** mira por el espejo retrovisor a la última pasajera.*

Presentarte
- *Me llamo* + nombre
- *Tengo* + edad
- *Soy* + profesión
- *Soy* + nacionalidad/*Soy de* + país/ciudad
- *Vivo en* + ciudad/país
- *Trabajo/Estudio en* + nombre de la empresa/lugar de trabajo o estudios

Presentar a otro
- Mira/Mire, este/esta es...
- Te/Le presento a...

Responder a una presentación
- ¡Hola!
- Encantado/a (de conocerte/lo/la).
- Mucho gusto.

1.2 **En parejas** Ahora preséntate a tu compañero/a.

Ejemplo: *Hola, soy Amelia. Tengo 27 años. Soy argentina, pero vivo en Madrid. Trabajo en una tienda de celulares y soy dependienta.*

1.3 **Todo el grupo** Levántate y presenta a tu compañero/a a otros estudiantes. Responde a las diferentes presentaciones. Ellos tienen que saludar y responder al saludo.

2 **En parejas** Lee estas tarjetas profesionales y contesta a las preguntas de tu compañero/a.

1

PSICÓLOGO

Samuel Eduardo Gómez
+34 617 254 457
samuel.gomez@gmail.com
C/ Amparo, 77, 2.º B | 30310 Cartagena

2

Fisioterapeuta

Margarita Fuentes Escobar
941 27 09 87
Avda. Marqués de la Ensenada, 94
26003 - Logroño
www.clinicasalud.com/es

3

CAROLINA MONTENEGRO
actriz
contrata@carolina-montenegro.com
Cel. +54 9 15-6863-3557 Tel. +54 11 4309-47010

4

Kim Wilson
Profesora de inglés
Do you Speak English?
kim.wilson@mail.com Móv. + 34 784 301 196

5

Esteban Gil Izquierdo
ABOGADO
Pl. del Mercado, 4, 1.º izq.
37001 - Salamanca
esteban_gil@abogados-asociados.es
www.abogados-asociados.es

Estudiante A

1. ¿Cuál es el móvil de la actriz?
2. ¿Cuál es la dirección del psicólogo?
3. ¿Cuál es el código postal de la fisioterapeuta?
4. ¿Cuál es la dirección de correo electrónico de Kim?
5. ¿Cuál es la profesión de Kim?
6. ¿Cuál es la dirección web del bufete de abogados?
7. ¿Cuáles son los apellidos de Margarita?

Estudiante B

1. ¿Cuál es la página web de la clínica?
2. ¿Cuál es el correo electrónico de Esteban Gil?
3. ¿Cuál es el apellido de la actriz?
4. ¿Cuál es el móvil de la profesora de inglés?
5. ¿Cuál es el código postal de Samuel?
6. ¿Cuál es la profesión de Esteban?
7. ¿Cuál es la dirección de la fisioterapeuta?

Preguntar por datos personales

- **¿Cuál es** el móvil/el celular/la dirección/el código postal/el correo electrónico/el sitio web… de…?
- **¿Cuáles son** los apellidos de…?

En las tarjetas profesionales pueden aparecer las siguientes abreviaturas y signos:

- **C/** › calle
- **Av./Avd./Avda.** › avenida
- **Pl./Plza./Pza.** › plaza
- **Tfno./Tel./Teléf.** › teléfono
- **Móv.** › móvil
- **Cel.** › celular
- **@** › arroba
- **www** › uve doble, uve doble, uve doble; doble u, doble u, doble u; tres uves dobles; triple uve doble; triple doble u.
- **.** › punto
- **-** › guion, guion medio
- **_** › guion bajo, barra baja
- **/** › barra

Pedir aclaraciones

- ¿Puedes repetir, por favor?
- Más despacio, por favor.
- ¿Cómo se dice en español "@"?
- ¿Qué significa "Pza."?

RAE **LÉXICO**

Español de España › móvil : *¿Para qué quieres el móvil? ¿No lees los mensajes?*
Español de América › celular : *–Voy a llamar por el **celular** –dijo Richard–. ¡Aj! ¡No hay recepción!*

3 Completa el siguiente formulario de empleo en una empresa.

Trabaja con nosotros

Si quieres trabajar con nosotros, completa y envía el siguiente formulario y te responderemos lo antes posible.

* Campos obligatorios

Nombre *

Primer apellido *

Segundo apellido

Correo electrónico *

Teléfono de contacto *

Fecha de nacimiento (DD/MM/AAAA) *

País *

Nacionalidad

Dirección

Ciudad

Código postal

Idiomas *

4 Observa las siguientes imágenes y relaciónalas con los diálogos.

A

B

Un **formulario** es un documento físico o digital donde el usuario debe introducir sus datos personales (nombre, apellidos, dirección, teléfono, etc.) para ser almacenados y procesados posteriormente.

El nombre de los idiomas suele coincidir con el gentilicio en la forma del masculino singular: ***español, inglés, francés, alemán***... Pero hay excepciones: ~~brasileño~~ › ***portugués***.

En los países hispanohablantes se utilizan dos apellidos, que generalmente son el primero del padre y el primero de la madre, aunque es frecuente usar solo el primero.

Diálogo 1
- ▶ Hola, buenos días.
- ▷ Buenos días, ¿en qué puedo ayudarle?
- ▶ Tengo una cita con el señor Moreno.
- ▷ Muy bien, ¿cómo se llama?
- ▶ Me llamo Nicolás Ibáñez.
- ▷ Un momento, por favor.

Diálogo 2
- ▶ Hola, Martín, buenos días. ¿Un café solo y un cruasán como siempre?
- ▷ ¡Cómo me conoces! Gracias, Pedro.

Diálogo 3
- ▶ Oye, ¿tienes un minuto?
- ▷ Sí, claro, dime.
- ▶ ¿Qué te parece esta foto para la página web?

Diálogo 4
- ▶ ¿Quiere algo de comer?
- ▷ Sí, pero no sé qué. ¿Tienen algo sin gluten?
- ▶ Por supuesto. Aquí tiene las tartas sin gluten.

RAE

LÉXICO

Español de España › café solo : *Prefiere un **café solo** y sin azúcar.*
Español de República Dominicana y Venezuela › café tinto : *[...] un **café tinto** en el sitio de costumbre.*
Español de Argentina › café chico : *A MEDIA MAÑANA: 1 vaso de agua mineral o 1 **café chico**.*

4.1 ¿Cómo son las situaciones anteriores? Marca con una X si son formales o informales.

	Formal	Informal		Formal	Informal
1.	☐	☐	3.	☐	☐
2.	☐	☐	4.	☐	☐

- Las formas ***usted*** y ***ustedes*** se usan para mostrar respeto social o distancia afectiva.
- Cuando el tratamiento es formal, el verbo se utiliza en tercera persona (singular o plural) en lugar de la segunda: *¿Cómo se llama (usted)?/¿Cómo te llamas (tú)?*

5 [6] Escucha el audio y marca con una X si saludan o se despiden.

	Saludos	Despedidas		Saludos	Despedidas
1.	☐	☐	3.	☐	☐
2.	☐	☐	4.	☐	☐

Saludar
- ¡Hola!/¿Qué tal?/¿Cómo estás?
- Buenos días./Buenas tardes./Buenas noches.

Despedirse
- Adiós (+ buenos días/buenas tardes/buenas noches).
- Hasta mañana./Hasta luego.

EL ESPAÑOL EN NÚMEROS

1 Lee la información de la ficha. ¿Te sorprende algún dato?

¿Sabías que...?

El español es una lengua que hablan **567 millones** de personas en el mundo.

Según el Instituto Cervantes, **472 millones** de personas tienen el español como lengua materna.

El español es la **segunda** lengua materna del mundo por número de hablantes y el segundo idioma de comunicación internacional.

El español es la **tercera** lengua más utilizada en internet.

Más de **21 millones** de personas estudian español como lengua extranjera.

La mayor parte de los hablantes de español vive en el continente americano.

Adaptado de http://www.cervantes.es/imagenes/File/prensa/EspanolLenguaViva16.pdf

2 Escribe los nombres de las capitales de los países representados en las fotos.

3 ¿Conoces el nombre de otras capitales del mundo hispano?

4 Observa el gráfico.
¿En qué países no hispanos se habla español?

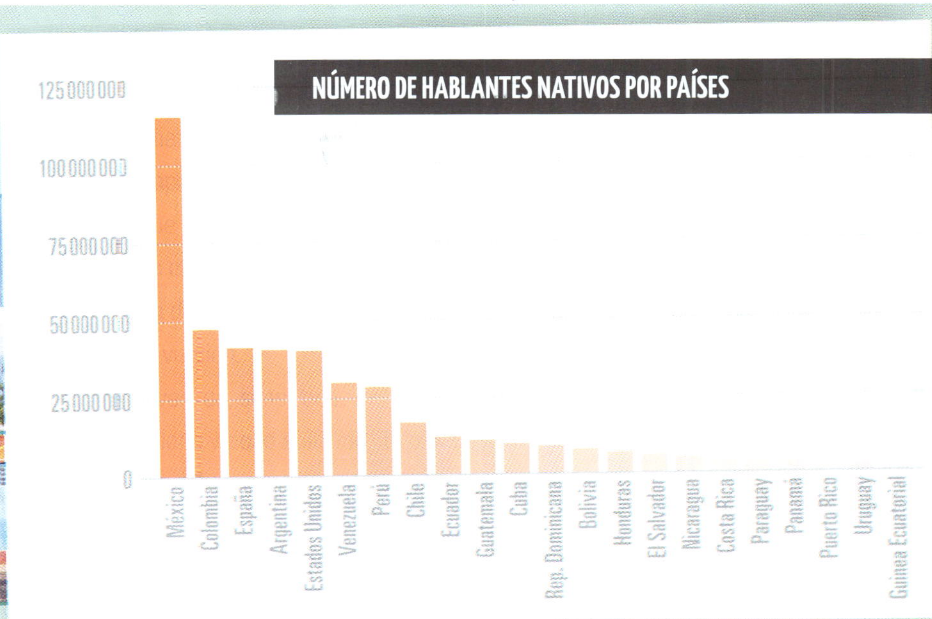

Adaptado de Informe del Instituto Cervantes

HOSTAL Babel

¡Bienvenido al hostal Babel!

Antes del vídeo

1 ¿Sabes qué es un hostal? ¿Quién suele alojarse en este lugar?

a. empresarios b. estudiantes o gente con poco dinero c. familias con hijos

2 Estas son las protagonistas de *Hostal Babel*. ¿Cuántos años crees que tienen? ¿De dónde crees que son? ¿Cuáles crees que son sus profesiones?

Creo que tiene... años años años

Creo que es de...

Creo que es...

3 **En parejas** Aquí tienes algunas frases del episodio. Relaciona las expresiones con su uso.

1. ¿Cómo se llama?
2. ¡Hola!
3. Este es Hugo.
4. ¡Adiós!
5. ¿Cuántos años tienes?
6. ¿De dónde es?
7. Yo soy Carla.
8. Mucho gusto en conocerte.

a. Para saludar.
b. Para presentarse.
c. Para presentar a alguien.
d. Para responder a la presentación.
e. Para preguntar por el nombre.
f. Para preguntar por la nacionalidad.
g. Para preguntar por la edad.
h. Para despedirse.

Durante el vídeo

4 Visiona la primera parte del vídeo (00:30 ▶ 01:40) y escribe el nombre del nuevo huésped.

5 Ahora visiona el fragmento 01:40 ▶ 02:42 y completa la información que falta. ¿Coincide con tus respuestas de la actividad 2?

Nombre	Bea	Carla	Tere
Edad	33		
Profesión	hostelera		
Nacionalidad	española		española

Nombre: ....

Edad: ....

Profesión: ....

Nacionalidad: ....

6 Completa la ficha de Hugo (01:40 ▶ 02:50), el nuevo huésped del hostal Babel.

7 Visiona de nuevo el siguiente fragmento 01:40 ▶ 02:20 y completa los espacios en blanco de la conversación.

Bea: [1] ...., chicas, [2] ....

Tere y Carla: [3] ....

Bea: Es nuestro nuevo huésped. Es de México.

Hugo: Sí, acabo de llegar a España. Del aeropuerto directamente al hostal Babel.

Tere: Pues [4] ...., Hugo. [5] .... Tere. Soy estudiante y tengo 19 años.

Hugo: ¡[6] ...., Tere! ¿Qué estás estudiando?

Tere: Dirección de Empresas.

Hugo: ¡Ah, qué buena onda, muy interesante!

Carla: [7] .... Tengo 24 años y estudio Filosofía. Bueno, ya acabé la carrera. Ahora estoy haciendo una maestría y trabajando.

Hugo: [8] ...., Carla. ¿En qué trabajas?

Recuerda:

- Cuando presentamos a alguien, utilizamos ***este/esta es*** + nombre, señalando a la persona con la mano extendida:

  *Hola, chicas, **este es** Hugo.*

- En España e Hispanoamérica, cuando te presentan a alguien, se da la mano en situaciones formales o si se trata de dos hombres, y dos besos en situaciones informales o familiares. También es frecuente hacer un gesto con la mano como saludo.

Después del vídeo

8 **En parejas** Elige a un/a compañero/a y haz una presentación completa a la clase utilizando los gestos adecuados.

Ejemplo:

▶ *Esta es Elena* (señalando con la mano extendida)*, tiene 23 años y es de Roma, Italia.*

▶ *¡Hola, Elena!*

▷ *¡Hola, chicos!* (levantando la mano) *Mucho gusto.*

9 **Todo el grupo** Como hemos visto, en España y en la mayoría de los países hispanohablantes las personas se dan dos besos al presentarse cuando la situación es informal o familiar. Sin embargo, en situaciones formales se dan la mano. ¿Es igual en tu país? Explícaselo a tus compañeros.

Evaluación

1 Completa las siguientes frases con la palabra adecuada.

japonés | rusas | estadounidense
uruguaya | mexicanos | español

1. Los mariachis son... ....
2. La Coca-Cola es... ....
3. El flamenco es... ....
4. La parrilla es... ....
5. Las matrioskas son... ....
6. El *sushi* es... ....

2 ¿Dónde trabajan estas personas? Relaciona la información de las columnas. Puede haber más de una opción válida.

1. Una médica 2. Una abogada 3. Un fisioterapeuta 4. Una ingeniera 5. Un farmacéutico	trabaja en	a. un bufete de abogados. b. un hospital. c. un espá. d. una farmacia. e. una empresa multinacional.

3 Escucha y escribe los números en cifras.

[7]

......12......	....
....	....
....	....
....	....
....	....
....	....
....	....
....	....

4 Completa con los verbos *ser* o *tener*.

1. Me llamo Patricia y .... 2[illegible] años.
2. ¡Hola! Yo .... Alfredo, ¿y tú?
3. Mónica no .... 30 años, ... 29.
4. Justin y Daniel .... ingleses.
5. Tú y yo .... españoles.
6. Marga y Luis .... una cafetería en el centro.
7. Carolina .... de Ciudad de México.

5 Completa las frases con el interrogativo adecuado.

1. ¿.................... años tiene Juan?
2. ¿.................... es la profesión de Walter?
3. ¿.................... vivís Mercedes y tú?
4. ¿De .... ciudad eres?
5. ¿.................... se llama usted?
6. ¿.................... es el número de teléfono de la escuela?

6 Relaciona las preguntas con las respuestas.

1. ¿De dónde eres?
2. ¿Cuál es tu correo?
3. ¿Dónde vives?
4. ¿Cómo te llamas?
5. ¿Cuál es tu número de teléfono?
6. ¿Qué lenguas hablas?
7. ¿Cuál es tu profesión?
8. ¿Cuántos años tienes?

a. Treinta y siete.
b. Juan.
c. 676 54 32 10.
d. Español, inglés y francés.
e. De Guatemala.
f. Soy médico.
g. juanperez@mail.es
h. En España.

7 Piensa en una persona famosa y escribe la siguiente información sobre ella.

- ¿Cómo se llama? ....
- ¿De dónde es? ....
- ¿Cuántos años tiene? ....
- ¿Cuál es su profesión? ....
- ¿Dónde vive? ....

8 ¿Cuáles de estas palabras conoces? ¿Existen en tu lengua?

- [ ] café
- [ ] taxi
- [ ] banco
- [ ] teatro
- [ ] menú
- [ ] aeropuerto
- [ ] estación
- [ ] biblioteca
- [ ] móvil
- [ ] cine
- [ ] tren

Comparar palabras del español con palabras de otras lenguas te puede ayudar a reconocer su significado.

9 Escucha y escribe las siguientes letras. Después ordénalas para descubrir el nombre del país.

[8]

1. ☐☐☐☐☐☐☐☐☐ › ....
2. ☐☐☐☐☐☐☐ › ....
3. ☐☐☐☐☐☐☐☐ › ....
4. ☐☐☐☐ › ....
5. ☐☐☐☐☐☐☐☐ › ....

10 Clasifica los países de la actividad anterior en la zona de América que les corresponde. Luego completa las zonas con otros países de América donde se habla español.

América Central ....

América del Sur ....

Caribe ....

Unidad

2 Mi casa, mi barrio

¿Cómo es tu barrio, moderno o antiguo?

¿Tu barrio está en una ciudad grande o pequeña?

¿Vives en el centro de la ciudad o a las afueras?

¿Vives en una casa o en un piso?

En esta unidad vas a...

- Localizar objetos en el espacio
- Hablar de la existencia o inexistencia de algo o de alguien
- Expresar cantidad
- Hablar de tu barrio y de tu casa
- Conocer una calle emblemática de Barcelona: las Ramblas

¿Qué sabes?

1 **Todo el grupo** ¿Qué hay en un barrio? Habla con tus compañeros.

2 **En parejas** Relaciona los tipos de vivienda con las fotos.

1

....

2

....

3

....

4

....

edificio de pisos | urbanización | casa con jardín y piscina | casa con patio | chalé adosado | casa baja

5

6

RAE

LÉXICO

Español de España › apartamento/piso :
*Gloria quiere vender el **piso** en el que ha vivido toda su vida para irse al extranjero a trabajar.*

Español de América › departamento :
*Laura y Consuelo, jóvenes que comparten **departamento**.*

Español de España › piscina :
*La urbanización dispone de zonas comunes con jardines, **piscinas** y pistas de pádel.*

Español de México › alberca :
*Una casa inmensa, terraza con vista a la playa, **alberca** y un piso con sala de estar.*

Español de Argentina › pileta :
*Por ejemplo, nunca meterse en la **pileta** sin avisar a los mayores.*

2.1 **Todo el grupo** ¿Hay viviendas similares en tu país? ¿En qué tipo de casa vives? Busca una imagen y enséñasela al resto de la clase.

Palabras

1 **En parejas** Lee la información de estos anuncios de alquiler y complétalos con las palabras de la tabla. Puedes usar el diccionario.

Tipo de vivienda	Partes de la casa	Muebles	Electrodomésticos	Otros
chalé piso	baño dormitorios salón-comedor	armarios sillas	microondas nevera	garaje calefacción ascensor

A

CALLE VIRIATO
965 €/mes
65 m² | 2.º piso
Alquiler

[1] .... de 65 m², exterior, muy céntrico y luminoso. Dos [2] ...., salón, cocina, [3] .... y tres balcones. Sin amueblar.

Características

Edificio

- Cuatro plantas.
- Sin [4] ....

Equipamiento

- Cocina de gas.
- [5] ....
- Lavadora.
- Aire acondicionado.
- [6] .... central.

B

URBANIZACIÓN MIRAMAR
790 €/mes
125 m²
Alquiler

Precioso [1] .... de 125 m². Dos plantas, vistas al mar, primera línea de playa. Tiene tres dormitorios, [2] ...., cocina, dos baños, terraza de 35 m² y [3] .... para dos coches.

Equipamiento

- Muebles: camas, [4] ...., dos sofás, sillón, televisión, mesa y [5] ....
- Aire acondicionado.
- Cocina equipada: cocina eléctrica, nevera, lavadora, lavavajillas, horno y [6] ....

RAE

LÉXICO

Español de España › dormitorio/habitación :
*Una cocina de considerables dimensiones, un cuarto de baño y tres **dormitorios** perfectamente amueblados.*
Español de América › recámara : *Alrededor del patio están las **recámaras**, la sala-comedor y la cocina.*

Español de España › salón : *El **salón** es espacioso y [está] amueblado con refinamiento.*
Español de América › *living* : *Toman el café recién preparado en el* living.

Español de España › nevera/frigorífico :
*Junto a la **nevera** abierta, Ángela llena un vaso de agua con un botellón de agua de cinco litros.*
Español de América › heladera : *Marta abre la **heladera** y saca la leche.*

Español de España › lavadora : *Hay que hacer compra, preparar a los niños para el colegio, poner **lavadoras**, planchar...*
Español de América › lavarropas :
*Para la ropa, blanqueadores, desmanchadores y los detergentes baja espuma para los **lavarropas** automáticos.*

1.1 [9] Escucha a estos agentes inmobiliarios y comprueba tus respuestas.

2 **En parejas** Observa las imágenes, lee las palabras y describe estos barrios.

residencial | céntrico | moderno | tranquilo | antiguo | ruidoso

Ejemplo: *El barrio de la foto 1 es…*

1

2

3

3 **En parejas** Mira el plano de este barrio y haz una lista de los edificios y de los establecimientos que hay. Puedes usar el diccionario si no sabes su significado. Trabaja con tu compañero/a.

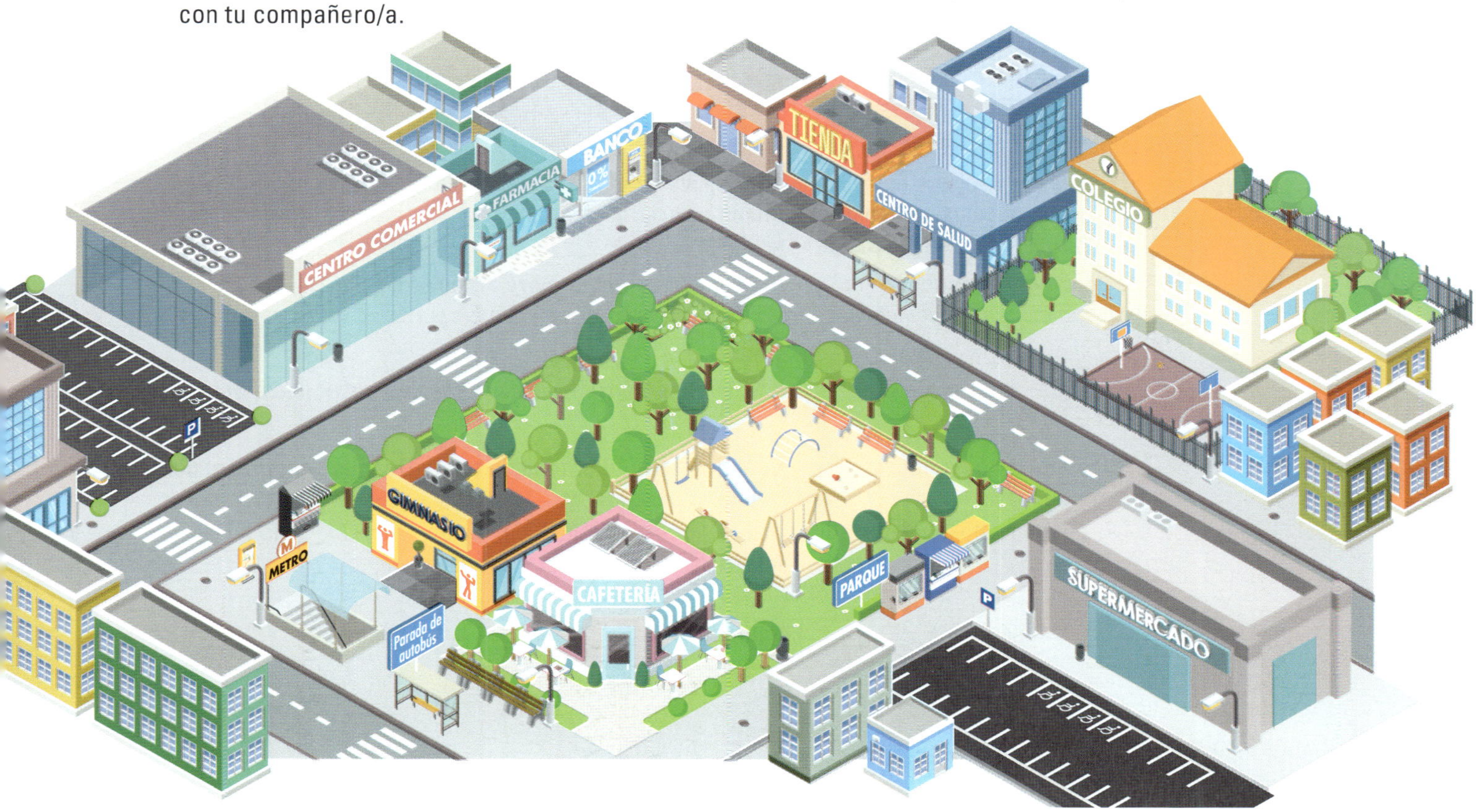

3.1 **Todo el grupo** ¿Qué hay en tu barrio? ¿Qué no hay?

Ejemplo: *En mi barrio hay dos cafeterías, un supermercado, una farmacia y una parada de autobús, pero no hay centro de salud.*

RAE

LÉXICO

Español de España y América › supermercado : *Quiero ir a un **supermercado** para conseguir algunas provisiones.*

Español de Venezuela › automercado :

*Carmen de López estaba haciendo sus compras en el **automercado** San Diego de la Zona Industrial.*

Gramática

1 Género y número de los nombres y los adjetivos

- Género **masculino**
  - Nombres terminados en -*o*: *apartamento, niño, lavabo...*
  - Nombres terminados en -*aje*: *garaje, viaje...*

> Excepciones: ***la** mano, **la** foto, **la** moto, **la** radio...*

- Género **femenino**
  - Nombres terminados en -*a*: *casa, niña, computadora...*
  - Nombres terminados en -*ción*, -*sión*, -*dad*: *estación, televisión, nacionalidad...*

> Excepciones: ***el** día, **el** problema, **el** idioma, **el** tema, **el** sofá...*

- Los nombres referidos a **personas y animales** generalmente tienen los dos géneros: *niño/niña, gato/gata...*
- Hay nombres que usan **palabras diferentes** para el masculino y el femenino: ***hombre/mujer, padre/madre, caballo/yegua...***
- Los nombres que se refieren a **cosas** tienen **un solo género**: ***el** libro, **la** casa...*
- Los nombres terminados en **consonante** o en -*e* pueden ser masculinos o femeninos: ***el** lápiz, **la** pared, **el** puente, **el** restaurante, **el** coche, **la** fuente, **la** noche, **la** calle...*
- Formación del **plural**
  - Cuando el nombre termina en **vocal**, se añade -*s*: *piso › pisos; gato › gatos*
  - Cuando el nombre termina en **consonante**, se añade -*es*: *móvil › móviles; televisión › televisiones*

> Fíjate: *lápiz › lápices*

- Los **adjetivos concuerdan** en género y número **con el nombre** al que acompañan: *un barrio bonito/una tienda moderna/unos apartamentos céntricos/unas casas ruidosas...*
- Los adjetivos terminados en **consonante** o en -*e* no varían en el género: *interesante, agradable, dulce, difícil, fácil, útil...: el libro es interesante/la película es interesante...*

1.1 Clasifica estos nombres en su lugar correspondiente de la tabla. Después escribe el plural.

apartamento | madre | habitación | ciudad | televisión | garaje | piso | sofá | idioma | calefacción | restaurante | caballo

Masculino	Femenino	Plural	

1.2 Escribe un nombre para cada uno de los siguientes adjetivos.

Ejemplo: *piso* moderno

1. .... interesante
2. .... buenas
3. .... útil
4. .... luminoso
5. .... agradable
6. .... fácil
7. .... céntrico
8. .... tranquilos

2 Artículo indeterminado y artículo determinado

En español hay dos artículos:

	Indeterminado		Determinado	
	Masculino	**Femenino**	**Masculino**	**Femenino**
Singular	un restaurante	una cafetería	el restaurante	la cafetería
Plural	unos restaurantes	unas cafeterías	los restaurantes	las cafeterías

- Sirve para hablar **por primera vez** de un nombre que es desconocido por nuestro interlocutor:

  *Tengo **un** apartamento en Ibiza.*

- Sirve para hablar de un nombre **ya conocido** por el interlocutor:

  ***El** apartamento tiene dos dormitorios.*

2.1 Escribe los artículos adecuados delante de cada nombre.

un	*el*	bolígrafo	....	....	relojes	....	....	coche
unas	*las*	mesas	....	....	madre	....	....	fuentes
....	....	días	....	....	problemas	....	....	calle
....	....	calefacción	....	....	cocinas	....	....	nacionalidad
....	....	viaje	....	....	sillón	....	....	mujeres
....	....	fotos	....	....	sofás	....	....	móvil
....	....	idioma	....	....	televisión	....	....	garajes

Para conocer el género de los nombres puedes fijarte en la información que hay en el diccionario: **Mujer** Del lat. *mulier, -ĕris.* 1. **f.** Persona del sexo femenino.

3 Contraste *hay/está(n)*

- Para expresar la **existencia** de algo o de alguien y de su cantidad, se usa la estructura *hay* + *(un/una/unos/unas)* + nombre. *Hay* tiene una sola forma para singular y plural:

  *En mi barrio **hay un** restaurante, **una** peluquería, **tres** escuelas, cafeterías, y árboles y plantas por todas partes.*

- También se usa para hablar de una **cantidad indeterminada**: *Hay* + *mucho/a/os/as - poco/a/os/as* + nombre:

  *En mi barrio hay **muchos** restaurantes pero **pocas** farmacias.*

- Para **localizar** algo o a alguien, se usa: *el/la/los/las* + nombre + ***está(n)***:

  *Los niños **están** en la escuela.*

*~~Un~~ El garaje **está** al lado de la peluquería.*
*En mi barrio **hay** ~~la~~ **una** farmacia.*

3.1 Completa el texto con *hay* o *está/están*.

Mi apartamento [1] .... en el centro de la ciudad. [2] .... una estación de metro en la plaza y también [3] .... un parque. Al lado de la escuela [4] .... muchos restaurantes. El garaje [5] .... en el mismo edificio. En mi apartamento [6] .... una cocina, un salón, un cuarto de baño y un dormitorio. Es pequeño y [7] .... pocos muebles. La mesa y las sillas [8] .... en la cocina. El sofá y la televisión [9] .... en el salón. [10] .... calefacción pero no [11] .... aire acondicionado.

Practica en contexto

Verbo *estar*

- El verbo ***estar*** es un verbo irregular:

yo	**estoy**
tú	**estás**
él, ella, usted	**está**
nosotros/as	estamos
vosotros/as	estáis
ellos, ellas, ustedes	**están**

- El verbo ***estar*** se utiliza para **localizar en el espacio** y se combina con la preposición ***en*** y otras expresiones de lugar:

  *El lápiz **está al lado del** libro.*
  *El libro **está dentro del** baúl.*

- La preposición ***en*** puede sustituir a ***encima de*** y ***dentro de***:

  *El libro está **en/encima de** la mesa.*
  *Los platos están **en el/dentro del** armario.*

- Estas son las expresiones de lugar más comunes:

Fíjate:
a + el › **al** de + el › **del**

1 **En parejas** Pregúntale a tu compañero/a dónde están los siguientes lugares del barrio y completa tu plano. Después compara la ubicación de los lugares para comprobar si está bien.

Estudiante A
- el supermercado
- el coche
- el centro de salud
- la estación de metro

Estudiante B
- la farmacia
- el hotel
- el gimnasio
- la parada de autobús del 43

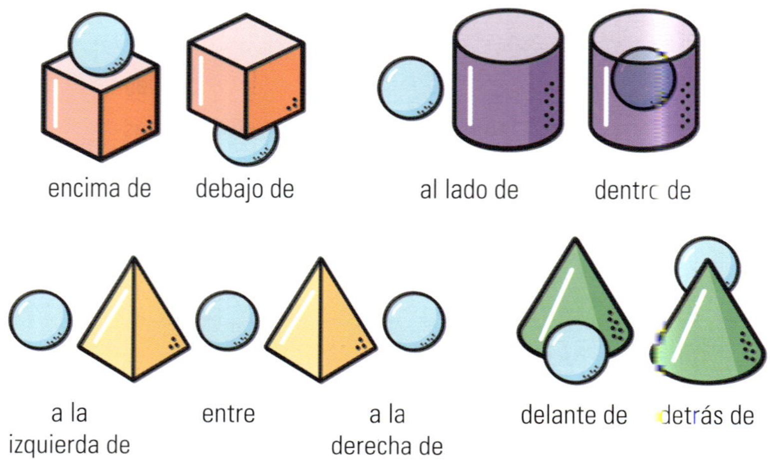

2 **En parejas** Lee las entradas de un foro sobre los barrios de diferentes ciudades, completa con *mucho/a/os/as* o *poco/a/os/as* y elige la forma verbal *hay/está/están*.

Nuestros barrios

Bellavista, Santiago de Chile, Chile

Yo vivo en el barrio de Bellavista, en Santiago de Chile. Es uno de los lugares con más encanto de Santiago. [1] **Hay/Está/Están** al lado del cerro San Cristóbal y el río Mapocho. Es un barrio céntrico, pero [2] **hay/está/están** [3] **poc**....... tráfico y es muy tranquilo. [4] **Hay/Está/Están** [5] **much**....... restaurantes y calles coloridas con arte urbano. También [6] **hay/está/están** la casa del escritor Pablo Neruda.

Barrio El Carmen, Valencia, España

Yo vivo en el barrio El Carmen de Valencia. En mi barrio [7] **hay/está/están** [8] **much**....... cafeterías, un mercado y [9] **much**....... tiendas de ropa. Delante de mi casa [10] **hay/está/están** el centro comercial y detrás, el gimnasio donde voy habitualmente. Además, [11] **hay/está/están** una estación de metro. ¡Es el lugar perfecto para vivir!

Urbanización Montesol, Almería, España

Yo vivo en una urbanización que se llama Montesol, en Almería. En la urbanización [12] **hay/está/están** [13] **poc**....... tiendas. Solo [14] **hay/está/están** un supermercado, un banco y, a la izquierda de mi casa, una farmacia. [15] **Hay/Está/Están** dos paradas de autobús que [16] **hay/está/están** en la entrada de la urbanización. ¡Ah! Y [17] **hay/está/están** un parque para pasear al perro.

El barrio de mi compañero/a ....

....
....
....
....

Expresar cantidad

Usamos los **cuantificadores** ***mucho/a/os/as*** y ***poco/a/os/as*** + nombre:

*En mi casa hay **mucho** ruido y **poca** luz.*
*La casa tiene **muchas** habitaciones y **pocos** armarios.*

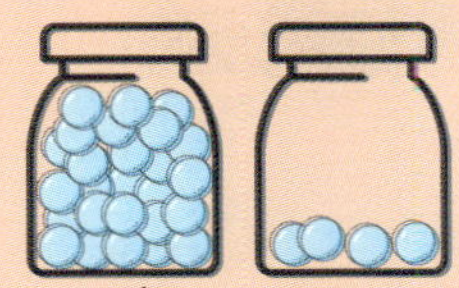

2.1 **En parejas** Pregúntale a tu compañero/a en qué barrio vive y cómo es. Puedes buscar alguna imagen en internet.

En tu barrio...

- ¿Hay restaurantes? ¿Muchos o pocos?
- ¿Hay tiendas? ¿De qué tipo son?
- ¿Hay colegios? ¿Dónde están?
- ¿Hay parques?
- ¿Hay hospitales o centros de salud?
- ¿Qué transportes hay?

2.2 Con la información obtenida, escribe una entrada en el foro anterior con la imagen y las características del barrio de tu compañero/a.

1

2

3

3 [10] **En parejas** Escucha a estas personas y anota las características de la casa que necesitan. Después compara tus notas con las de tu compañero/a.

4

5

6

3.1 Ahora lee estos anuncios de venta y alquiler de casas. Puedes usar el diccionario si no entiendes alguna palabra.

a Alquiler de habitaciones para estudiantes

Zona centro.
Sin amueblar.
Exteriores.
200 €/mes.
Contacto: 675 29 68 44 (preguntar por Rosa).

b encuentrapiso.com

Alquiler de pisos amueblados de 2 y 3 dormitorios en zona centro. Interiores, con ascensor y calefacción central.
Bien comunicados.
Entre 900 y 1000 €/mes.
Contacto: juan@encuentrapiso.com

c Venta de estudios y pisos de 2 dormitorios en zona centro

Céntricos, interiores y exteriores, con ascensor, garaje y trastero.
Amueblados, con cocina equipada y calefacción central.
Tiendas y supermercados.
Cafeterías y restaurantes.
Colegios y zonas verdes.
Más información en www.vendealquila.com

d ¡Nueva promoción!

Alquiler y venta de estudios en el barrio de Buenos Aires (a 5 minutos del centro en metro).
Interiores/exteriores.
Plaza de garaje (opcional).
Zona con supermercados, bares y tiendas de barrio.
Ver más en info@alquinova.es

m^2 se dice *metros cuadrados*.

Números desde 100

- 100 cien
- 101 ciento un(o)/una
- 102 ciento dos
- 115 ciento quince
- 168 ciento sesenta y ocho
- 200 doscientos/as
- 300 trescientos/as
- 400 cuatrocientos/as
- 500 quinientos/as
- 600 seiscientos/as
- 700 setecientos/as
- 793 setecientos/as noventa y tres
- 800 ochocientos/as
- 900 novecientos/as
- 1000 mil
- 1001 mil un(o)/a
- 1439 mil cuatrocientos/as treinta y nueve

Fíjate:
ciento un euros/ciento una personas
doscientos euros/doscientas personas

f Inmobiliaria Los Peñotes

Venta y alquiler de chalés en urbanización La Casona (a 50 km del centro).
1 planta + garaje (2 plazas).
3 dormitorios.
2 baños.
Jardín de 155 m^2.
Zonas comerciales.
Colegios.
Alquiler desde 900 €.
Ver precios de venta en www.inmopeñotes.es

g Inmobiliaria Villar

Venta de chalé adosado de 185 m^2 en la urbanización Los Pinares (a 30 km del centro).
2 plantas + garaje (1 plaza).
3 dormitorios.
2 baños.
Jardín de 100 m^2.
Urbanización privada.
Colegios.
Zonas comerciales.
310 000 €.
Contacto: 658 45 78 92.

h Alquilo piso sin amueblar en zona centro

110 m^2.
3 dormitorios.
Primera planta.
Exterior.
Calefacción individual.
Ascensor.
Zona de restaurantes y tiendas.
Contacto:
Juan: 698 587 110.

3.2 **Todo el grupo** ¿Qué vivienda de las anteriores es más adecuada para las personas de la actividad 3? ¿Por qué?

4 [11] Escucha el precio de estos alquileres y anótalo. Después escríbelo en letras.

1. .... € ....
2. .... € ....
3. .... € ....
4. .... € ....
5. .... € ....
6. .... € ....
7. .... € ....
8. .... € ....
9. .... € ....

RAE

LÉXICO

Español de España › alquiler/alquilar:
*La Comunidad ofrecerá este año 7600 pisos en **alquiler** para jóvenes.*
Español de América › renta/rentar:
*–Perdone –dijo ella–, ¿es este el departamento que **rentan**?*

Español de España › ascensor:
*Bajamos en **ascensor** a la planta baja.*
Español de América › elevador:
*Ahí tomé el **elevador** hasta el piso número 5.*

Español de España › garaje:
*Todas las viviendas incluyen plaza de **garaje**.*
Español de América › cochera:
*La casa que habitaron en la colonia Condesa no tenía **cochera**.*

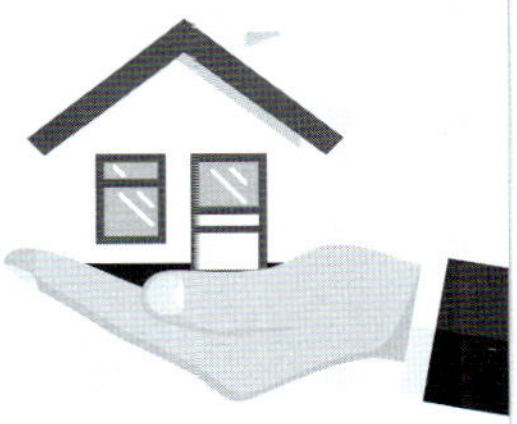

Alquilo habitación en zona universitaria

Bien comunicada.
Habitación interior con cama, escritorio y armario.
250 €/mes
(Preguntar por Ana).
Tel.: 698 74 25 36.

Iberinmo alquila pisos desde 700 €

Bien comunicados.
2 o 3 dormitorios.
Exteriores o interiores.
Calefacción central.
Ascensor.
Sin amueblar.
Barrio con colegios, parques, tiendas y supermercados.
Contacto:
info@iberinmo.es

5 **En parejas** Hazle a tu compañero/a la siguiente encuesta para saber cómo son su casa y su barrio.

1. ¿Qué tipo de casa es?
   - ☐ estudio ☐ apartamento ☐ chalé
   - ☐ piso ☐ casa ☐ otros
2. ¿Cuántos metros cuadrados mide?
   - ☐ Menos de 80 m².
   - ☐ Entre 80 m² y 120 m².
   - ☐ Más de 120 m².
3. ¿Cuántas habitaciones tiene?
4. ¿Qué equipamiento tiene la casa? ¿Está amueblada? ¿Tiene garaje, calefacción...?
5. ¿En qué planta está?
6. ¿En qué barrio está?
7. ¿Qué tipo de barrio es?
   - ☐ residencial ☐ moderno ☐ antiguo
   - ☐ céntrico ☐ tranquilo ☐ alegre

Números ordinales

Para indicar el orden de los elementos, se usan los **números ordinales**. Los números ordinales tienen el mismo género y número del nombre al que acompañan o al que se refieren:

- 1.º (er)/ª/os/as › **primero** (primer)/a/os/as
- 2.º/ª/os/as › **segundo**/a/os/as
- 3.º (er)/ª/os/as › **tercero** (tercer)/a/os/as
- 4.º/ª/os/as › **cuarto**/a/os/as
- 5.º/ª/os/as › **quinto**/a/os/as
- 6.º/ª/os/as › **sexto**/a/os/as
- 7.º/ª/os/as › **séptimo**/a/os/as
- 8.º/ª/os/as › **octavo**/a/os/as
- 9.º/ª/os/as › **noveno**/a/os/as
- 10.º/ª/os/as › **décimo**/a/os/as

*Vivo en la **décima** planta de este edificio.*
*Somos los **terceros** de la clase.*

Fíjate:
piso primero › **primer** piso
piso tercero › **tercer** piso

5.1 Con la información de tu compañero/a, escribe un breve anuncio de venta o alquiler de su casa. Incluye los datos que aparecen en el cuadro y ponle un precio.

tipo de vivienda | metros cuadrados | localización | equipamiento | número de habitaciones | características del barrio

6 **Todo el grupo** ¿Cómo es la vivienda en tu país? Habla con tus compañeros. Explica las diferencias.

Las Ramblas

1 Aquí tienes una de las calles más populares de Barcelona. Lee la información.

Las Ramblas es una de las calles más emblemáticas de Barcelona. Está entre la plaza de Cataluña y el monumento a Colón. Cada año la visitan unos 78 millones de personas. En las Ramblas siempre hay mucha gente. También hay muchos quioscos de prensa y flores, actores callejeros, cafeterías, restaurantes y tiendas. En las Ramblas puedes visitar los siguientes lugares:

Farmacia Nadal

La farmacia Nadal está situada en el número 121 de las Ramblas. Es un lugar que, al igual que la Casa de los Paraguas, representa el estilo modernista catalán.

Mercado de la Boquería

El Mercat de Sant Josep, popularmente conocido como *La Boquería*, tiene una superficie de 2583 m² con más de 300 puestos que ofrecen una gran variedad de productos locales y exóticos.

Teatro del Liceo

El Gran Teatro del Liceo de Barcelona, conocido como *el Liceu*, es el teatro en activo más antiguo y prestigioso de Barcelona y uno de los más importantes del mundo. Se usa sobre todo como teatro de ópera.

Fuente de Canaletas

Es uno de los lugares más emblemáticos de la ciudad para los aficionados del F. C. Barcelona, ya que allí celebran sus victorias.

Casa de los Paraguas

La Casa Bruno Cuadros de Barcelona, conocida como *la Casa de los Paraguas*, es un buen ejemplo del modernismo catalán. En el edificio se mezclan elementos decorativos chinos, japoneses y egipcios. Lo más llamativo es el gran dragón chino de la fachada.

Mosaico de Joan Miró

El mosaico está en la plaza de la Boquería, en la parte central de las Ramblas. Tiene unos 8 metros de diámetro y tiene forma de círculo irregular. Los colores del mosaico son cinco: blanco, negro, azul, rojo y amarillo.

1.1 **Todo el grupo** ¿Hay una calle similar en tu ciudad? Busca fotos en internet y descríbela en clase.

- ¿Cómo se llama?
- ¿Qué tipo de tiendas, comercios y establecimientos hay?
- ¿Dónde está?
- ¿Qué edificios interesantes se pueden visitar?

Antes del vídeo

1 **En parejas** En la fotografía se ve la cocina del hostal Babel. Marca las cosas que ves en ella.

- aire acondicionado
- armario
- horno
- lámpara
- lavadora
- lavavajillas
- mesa
- nevera
- plantas
- sillas

2 **Todo el grupo** ¿Cómo es la cocina del hostal Babel? ¿Qué tiene? Puedes usar algunas de estas palabras para describirla.

grande · totalmente equipada · vieja · sin amueblar · luminosa · pequeña · moderna

Durante el vídeo

3 Marca los establecimientos típicos de un barrio que se mencionan en el fragmento 00:30 ▶ 03:25.

- restaurante vegano
- biblioteca
- cafetería
- centro comercial
- centro de salud
- colegio
- discoteca
- entrada de metro
- estudio de yoga
- farmacia
- gimnasio
- hostal
- hotel
- parada de autobús (colectivo)
- universidad
- hospital
- supermercado
- tienda de alimentos ecológicos (naturistas)

4 Tere, Hugo y Carla están localizando algunos lugares del barrio en el plano. ¿Quién está interesado en los siguientes lugares? Vuelve a visionar el fragmento 00:30 ▶ 03:25 y relaciona la información.

1. un restaurante vegano
2. una biblioteca
3. un estudio de yoga
4. una discoteca
5. un gimnasio
6. una tienda de alimentos ecológicos (naturistas)

a. Tere
b. Hugo
c. Carla

RAE
LÉXICO
Español de España y otros países hispanoamericanos › barrio :
*Hace muchos años que vivo en un **barrio** y hago vida de barrio.*
Español de México y Honduras › colonia :
*Tomó un taxi que lo llevó hasta la **colonia** Guadalupe Inn.*

5 **En parejas** En el vídeo se mencionan tres establecimientos que no hay en el barrio donde está el hostal Babel. ¿Cuáles son? Habla con tu compañero/a y luego compruébalo visionando el fragmento 01:03 ▶ 03:10.

6 Carla y Hugo llaman al metro y al autobús de diferente manera. Selecciona la opción correcta. Luego comprueba tus respuestas visionando el fragmento 00:30 ▶ 01:08.

1. ¿Cómo llama Hugo al autobús?
   a. camioneta b. camión c. colectivo

2. ¿Cómo llama Carla al metro?
   a. colectivo b. guagua c. subte

7 En la última parte del vídeo conocemos a un personaje nuevo, Leo. ¿Qué aficiones tiene? Visiona el fragmento 03:58 ▶ 04:20 y marca sus aficiones.

- [ ] los cómics
- [ ] los cuadros
- [ ] el estudio
- [ ] el deporte
- [ ] las novelas
- [ ] los videojuegos
- [ ] las películas
- [ ] la fotografía

8 Carla, Tere y Leo le explican a Hugo dónde están sus dormitorios. Visiona el fragmento 04:20 ▶ 04:40 y relaciona la información.

1. El cuarto de Carla está...
2. El cuarto de Leo está...
3. El cuarto de Tere está...
4. El cuarto de Bea está...

a. **enfrente del** cuarto de Tere.
b. **a la izquierda del** pasillo.
c. **a la derecha del** pasillo.
d. **al lado del** baño chico.

Recuerda:
- a + el › **al**
- de + el › **del**

Después del vídeo

9 Observa los gestos de estas tres imágenes. ¿Qué crees que indican? ¿Se utilizan los mismos gestos en tu país?

10 **En grupos pequeños** Dibuja el plano de tu casa y explícales a tus compañeros qué habitaciones tiene. Después diles dónde está tu habitación.

Esta es mi casa. Este es el salón, esta es la cocina... Aquí está mi habitación, está a la izquierda del baño.

11 **Todo el grupo** ¿Vas a los mismos lugares que los personajes del vídeo? ¿Qué lugares de tu barrio visitas con más frecuencia?

Evaluación

1 Completa las palabras relacionadas con la vivienda y el barrio.

1 

.... OR .... T .... R .... O

2 

C .... I .... A

3 

.... R .... A DE .... TO .... ÚS

4 

.... I .... N .... SI ....

5 

C .... NT .... O CO .... ER .... I L

6 

G .... R .... J ....

2 Completa el correo electrónico de Patricia con los artículos *un, una, el, la.*

De: Patricia Para: Víctor Asunto: Mi nueva casa

¡Hola, Víctor!
¡Ya tengo casa! Es [1] .... apartamento muy bonito. Tiene dos habitaciones, [2] .... salón muy grande y [3] .... cocina americana. [4] .... salón y [5] .... dormitorio grande tienen mucha luz. [6] .... apartamento está al lado de mi trabajo y está en [7] .... barrio muy animado. ¡Qué suerte! En [8] .... barrio hay muchas cosas: [9] .... parque, [10] .... colegio para Guille, [11] .... biblioteca, muchos restaurantes, bancos y tiendas. [12] .... parque es ideal para pasear con Guille y correr por las mañanas.
¡A ver cuándo me visitas!
Besos,
Patricia

3 Elige la opción correcta.

1. **El/La** sofá es cómod**o/a**.
2. **Los/Las** problemas son difíciles.
3. Alquilo **un/una** piso exterior.
4. Hay **una/la** tienda de ropa en mi calle.
5. **Los/Las** restaurantes son modern**as/os**.
6. **El/La** foto es bonit**o/a**.

4 Relaciona con su contrario.

individual | interior | nuevo | oscuro | sin amueblar | sin ascensor

1. exterior/ ....
2. viejo/ ....
3. con ascensor/ ....
4. calefacción central/calefacción ....
5. amueblado/ ....
6. con luz/ ....

5 Escribe en letras los siguientes números. Cuidado con la concordancia.

314 .... personas.
271 .... euros.
538 .... libros.
981 .... viviendas.
335 .... días.

6 Combina los elementos de las columnas para formar frases.

1. Los libros		al lado de la lavadora.
2. El barrio		en el centro de la ciudad.
3. En mi barrio	está	ascensor.
4. La nevera	están	a la derecha del salón.
5. En el edificio no	hay	delante del sofá.
6. La mesa		encima de la mesa.
7. Mi dormitorio		muchas tiendas.

7 Escucha el diálogo. ¿De qué oferta hablan?

[12]

1. Se alquila piso con muebles. 2 dormitorios. Exterior. Calefacción individual. En el centro de la ciudad. Precio: 900 €/mes.

2. Alquilo piso amueblado en Las Rosas. 2 dormitorios, exterior, con ascensor y calefacción central. Bien comunicado. Precio: 900 €/mes.

3. Alquiler: piso exterior y amueblado en zona centro. 2 dormitorios, con ascensor y calefacción central. Precio: 900 €/mes.

8 Responde a este correo electrónico dándole a la persona la información que pide y que aparece debajo.

Hola, buenos días:
Estoy interesado en el piso de alquiler con referencia 9214875, pero necesito alguna información más.
¿En qué calle está? ¿En qué planta está? ¿Hay conserje en el edificio? ¿Y garaje? ¿Cómo es el barrio?
Muchas gracias.
Un saludo,
Carlos Pérez

Hola, Carlos:
El piso con referencia 9214875 está ....
....
En el edificio hay ....
....
El barrio es ....
....
....
Un saludo,
....

- Piso:
  - calle Cartagena, 15, 5.ª planta
  - conserje 24 horas
  - garaje
- Barrio:
  - residencial y tranquilo
  - con zonas verdes
  - 1 estación de metro
  - 2 paradas de autobús
  - 2 supermercados
  - 1 panadería
  - 1 centro comercial
  - 1 colegio
  - 1 farmacia 24 horas

Unidad

3

¿Te gusta viajar? ¿A dónde?

¿Cómo viajas?

¿Con quién viajas?

¿Qué llevas siempre en tu maleta?

Vamos de viaje

En esta unidad vas a. . .

- Localizar personas, objetos y lugares
- Expresar preferencias
- Pedir y dar instrucciones para traslados en medios de transporte
- Pedir y dar información espacial
- Preguntar y decir el precio
- Conocer Ciudad de México

¿Qué sabes?

1 **Todo el grupo** ¿Conoces estos medios de transporte? Escribe el nombre debajo de cada foto. ¿Cuál prefieres?

barco | tren | metro | avión | autobús | bicicleta | coche | taxi

1 ....

2 ....

3 ....

4 ....

RAE

LÉXICO

Español de España › coche : *Creo que está en el **coche**...*
Español de América › carro/auto : *Ramón, tú a mi **carro** no subes.*

Español de España › metro : *Teodoro mueve la cabeza, baja ahora las escaleras del **metro** y no quiere pensar en Carlos.*
Español de Argentina › subte : *Con toda la gente que viaja en **subte**, el colectivo estará vacío.*

1.1 **Todo el grupo** ¿Cuáles utilizas más? ¿Y cuáles no utilizas? ¿Por qué?

Ejemplo: *Yo utilizo el metro porque es más rápido.*

2 **En parejas** Cuando viajas, ¿qué buscas? ¿Coincides con tu compañero/a?

Cuando viajo, busco...

bienestar

naturaleza

tranquilidad

sol y playa

gastronomía

cultura

5 ....

6 ....

7 ....

8 ....

Español de España (península) › autobús : *De nuevo en el **autobús** de regreso a casa.*
Español de México › camión : *Son las 11 de la noche. Un **camión** azul recorre las calles...*
Español de Argentina › colectivo : *En un cuarto de hora sale el **colectivo**...*
Español de Guatemala › camioneta : *Nos sentamos como mejor podemos en el interior de la **camioneta**...*
Español de España (Canarias) y Cuba › guagua : *Uno puede acompañar a sus familiares a las paradas de las **guaguas**...*

diversión

aventura

3 **En grupos pequeños** ¿Conoces estos tipos de alojamiento? ¿Cómo se llaman en español? ¿Dónde te alojas cuando viajas?

1

2

3

4

Palabras

1 

2 

4 

5

1 Cuando viajamos, estos son algunos de los lugares de interés que encontramos. Relaciona las imágenes con la palabra correspondiente.

museo | iglesia | ruinas
plaza | parque | mirador

1.1 Escucha el audio y di de qué fotos hablan. ¿Sabes de qué país son? [13]

Hablan de las fotos ...., ... y ....

El país es ....

1.2 **Todo el grupo** ¿Qué monumentos hay en tu ciudad? Cuéntaselo a la clase.

2 Relaciona los iconos con su significado.

a. aparcamiento | b. restaurante
c. duchas | d. recepción 24 h
e. wifi | f. baños | g. piscina
h. parque infantil | i. supermercado
j. zona de acampada

1 ☐ 2 ☐ 3 ☐ 4 ☐ 5 ☐ 6 ☐ 7 ☐ 8 ☐ 9 ☐ 10 ☐

2.1 **En parejas** Mira el plano del *camping* Albatros y pregúntale a tu compañero/a dónde están estos lugares.

Estudiante A

1. las duchas
2. la piscina
3. el aparcamiento
4. la recepción

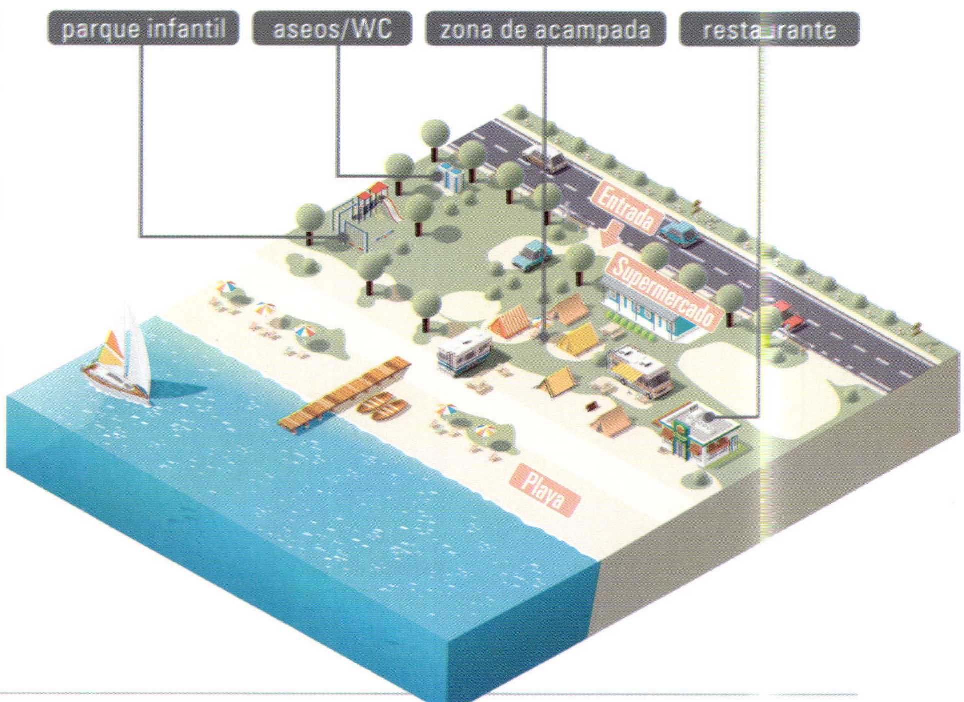

3

6

> Para hablar de cercanía o lejanía usamos *cerca (de)* y *lejos (de)*. Recuerda:
> - delante (de)/detrás (de)
> - a la izquierda (de)/a la derecha (de)
> - entre... y...

Estudiante B

1. la zona de acampada
2. el parque infantil
3. los aseos
4. el restaurante

3 **En parejas** ¿Con qué tipo de turismo relacionas estas actividades? Escríbelas en el lugar que corresponde.

Ir a la playa. | Ir a la montaña. | Ver un espectáculo. | Descansar. | Visitar/Ver un parque natural. | Hacer una excursión. | Hacer surf. | Visitar/Ver un museo. | Ir a un mercado de artesanía. | Tomar el sol. | Ver animales. | Ver monumentos. | Hacer submarinismo.

Turismo de naturaleza	Turismo cultural	Turismo de sol y playa

3.1 **Todo el grupo** ¿Qué prefieres hacer cuando viajas? Cuéntaselo a la clase.

Cuando viajo, prefiero descansar, ir a la playa y tomar el sol.

Gramática

Observa:

- El verbo *ir* es completamente irregular.
- El verbo *viajar* es un verbo regular. Fíjate en las terminaciones.

1 Verbos *ir* y *viajar*

	Ir	Viajar
yo	**voy**	viajo
tú	**vas**	viajas
él, ella, usted	**va**	viaja
nosotros/as	**vamos**	viajamos
vosotros/as	**vais**	viajáis
ellos, ellas, ustedes	**van**	viajan

2 Preposiciones *a* y *en*

La preposición ***a*** sirve para:

- Expresar la **dirección** y el **destino**:

  *Este verano voy **a** Cuba.*

  Recuerda: *a* + *el* › ***al***:

  *Pueden ir **al** centro andando.*

- Expresar la **distancia** o el **tiempo**:

  *El centro está **a tres kilómetros** del hotel, pero hay una estación de metro **a cinco minutos** de aquí.*

La preposición ***en*** sirve para:

- **Localizar** personas, lugares u objetos:

  *El hotel está **en** el centro de la ciudad.*

- Hablar del **medio de transporte**:

  *¿Por qué no vas a Sevilla **en** tren?*

Fíjate en estas excepciones:
ir **a** pie - ir **andando** - ir **a** caballo

2.1 **En parejas** ¿Qué medio de transporte utiliza tu compañero/a en su vida diaria para ir a estos lugares? Pregúntaselo y anota su respuesta.

- la universidad
- el centro
- el supermercado
- el cine
- un restaurante
- la casa de tu familia
- ...

Ejemplo: ▶ *¿Cómo vas **al** trabajo?*
▷ *Voy **en** metro.*

2.2 **Todo el grupo** ¿En qué coincides con él/ella? Cuéntaselo al resto de la clase.

Mi compañera Lenka y yo vamos en tren a la universidad y al campo.

2.3 Lee el programa de un viaje a Buenos Aires y completa con las preposiciones *a* o *en*.

Viaje a Buenos Aires

Día 1
Vuelo de España [1] .... Buenos Aires y recepción [2] .... el aeropuerto.

Día 2
Visita panorámica [3] .... autobús para ver la plaza Rosada, la plaza de Mayo y Puerto Madero. Comida [4] .... el barrio de San Telmo y vuelta [5] .... el hotel. Tarde libre.

Día 3
Visita [6] .... el barrio de Palermo y [7] .... el Jardín Japonés. Tiempo libre para comer [8] .... Palermo y visita guiada [9] .... el cementerio de la Recoleta.

Día 4
Excursión [10] .... el barrio de La Boca y tarde libre. Espectáculo de tango [11] .... el café Tortoni.

Día 5
Excursión por el río Tigre [12] .... barco.

Día 6
Vuelo [13] .... España.

3 Verbos *poder* y *preferir*

Poder	Preferir
puedo	prefiero
puedes	prefieres
puede	prefiere
podemos	preferimos
podéis	preferís
pueden	prefieren

- *Poder* + infinitivo expresa **posibilidad**:

  *En Guatemala **puedes ver** volcanes, ruinas y **visitar** una ciudad como Antigua.*

- *Preferir* + nombre/infinitivo se usa para hablar de **preferencias**:

  *Yo **prefiero el viaje/viajar** a Punta Cana porque es muy barato.*

Estos verbos son irregulares en la raíz verbal.

3.1 **Todo el grupo** Cuenta a la clase cuáles son tus preferencias cuando viajas y justifica por qué.

Cuando viajo, prefiero	ir en avión ir en tren ir en coche ir en autobús ir a casa de un amigo ir a un *camping* dormir en un hotel ir a la playa ir al campo ir a la montaña visitar una ciudad comer en un restaurante ...	porque	es (más)	divertido. barato. relajante. interesante. variado. rápido. cómodo. seguro. ...
			puedes	pasear. ver animales. disfrutar de la naturaleza. hacer una excursión. hacer turismo. tomar el sol. ...

RAE

LÉXICO

Los adjetivos más frecuentes en español asociados a medios de transporte son: *ecológico, rápido, lento, caro, peligroso, cansado, práctico, seguro, cómodo, económico, puntual, contaminante, barato.*

4 *Hay, ser* y *estar*

- *Hay* se usa para hablar de la **existencia** o **inexistencia** de algo:

  *Cerca del museo **hay** un parque.*

  *En el hotel no **hay** restaurante.*

- *Ser* + adjetivo se usa para **describir** objetos, lugares y personas:

  *El hotel **es** céntrico/grande/pequeño/limpio.*

- *Estar* se usa para **localizar** lugares, personas y objetos en el espacio:

  ▶ *¿Dónde **está** la estación de trenes?*

  ▷ ***Está** cerca del hotel.*

4.1 **En parejas** Completa los comentarios con los verbos *ser, estar* o *hay*.

infoHotel

Hotel NovoLuxe

★★★

El hotel [1] .... en el centro y [2] .... una parada de autobús delante del hotel. En las habitaciones [3] .... aire acondicionado, pero la conexión wifi, aunque [4] .... gratuita, no [5] .... muy buena.
El restaurante [6] .... agradable y económico. [7] .... en la primera planta del hotel. [8] .... pequeño, pero la atención [9] .... muy buena. [10] .... un bufé libre muy variado.

La excursión a Antigua [11] .... muy interesante. En la ciudad [12] .... muchas iglesias, ruinas y museos, y puedes visitar el volcán de Agua y el cerro de la Cruz, un mirador que [13] .... a 10 minutos en coche del centro. Al cerro de la Cruz puedes ir en taxi o andando y al volcán de Agua puedes ir en taxi ([14] .... a 11 kilómetros más o menos).

Practica en contexto

1 [14] Escucha a estas dos personas y marca la información que se refiere a Marta, a Antonio o a los dos.

Expresar deseos

Para hablar de **deseos**, utilizamos el verbo *querer* + nombre/infinitivo:

- quiero
- quieres
- quiere
- queremos
- queréis
- quieren

El verbo *querer* es irregular.

Marta quiere un viaje cultural y visitar museos.

	Antonio	Marta
1. Tiene poco dinero.	☐	☐
2. Quiere ir a una ciudad.	☐	☐
3. Busca relax.	☐	☐
4. Quiere viajar en barco.	☐	☐
5. Quiere un viaje cultural.	☐	☐
6. Tiene muchos días de vacaciones.	☐	☐
7. Quiere conocer una cultura diferente.	☐	☐
8. Busca naturaleza.	☐	☐
9. Tiene pocos días de vacaciones.	☐	☐

1.1 **En parejas** Lee la información de estas tres ofertas y decide cuál es el viaje ideal para Marta y cuál para Antonio y por qué. Puedes buscar en el diccionario las palabras que no entiendes.

Ejemplo: *El viaje ideal para Marta es... porque...*

OFERTA 1

Altiplano guatemalteco con Tikal y Antigua (Circuito de 9 días)

desde 1400 €

Si buscas historia y el encanto de las antiguas civilizaciones, las ciudades coloniales y los mercados autóctonos, no te pierdas este itinerario por Guatemala.

Ruinas mayas, arquitectura colonial, selva, volcanes, baños termales... Todo esto y mucho más te espera en el corazón de América.

Programa del viaje

Día 1 Vuelo de España a Ciudad de Guatemala.
Día 2 Estancia en Ciudad de Guatemala. Viaje a Chichicastenango y visita al mercado. Viaje al lago Atitlán.
Día 3 Lago Atitlán: paseo en barco, visita a Santiago Atitlán y vuelta a Ciudad de Guatemala.
Día 4 Día libre en Ciudad de Guatemala. Visita a las ruinas de Tikal y noche en Petén.
Día 5 Viaje a Antigua.
Días 6 y 7 Días libres en Antigua.
Día 8 Viaje de Antigua a Ciudad de Guatemala y traslado al aeropuerto.
Día 9 Llegada a España.

OFERTA 2

Descubre el mejor CARIBE

desde 790 €

La esencia del Caribe en la República Dominicana

Conoce la cultura dominicana y su deliciosa gastronomía. Disfruta del color de las espectaculares playas de Punta Cana, los arrecifes de coral en isla Saona, la naturaleza del parque nacional de Cotubanamá. Visita la ciudad colonial de Santo Domingo, declarada Patrimonio de la Humanidad por la Unesco.

El precio incluye:

- Billete directo de ida y vuelta en clase turista.
- Seguro de viaje.
- Traslados en autobús.
- 7 noches de hotel con todo incluido.*
- Solo se acepta una maleta grande (23 kg).

*Precios por persona en habitación doble para los hoteles Pájaro Resort y M&J Hoteles.

OFERTA 3

MI BUENOS AIRES QUERIDO

(Circuito de 7 días)

desde 1200 €

¿Quieres visitar el colorido barrio de La Boca, las tiendas de San Telmo, las diferentes zonas de Palermo y el cementerio de la Recoleta? ¿Quieres hacer una excursión en barco por el río Tigre o disfrutar de un espectáculo de tango?

Tu destino es, sin duda, Buenos Aires.

El precio incluye:

- Vuelos.
- Guía turístico.
- Traslados.
- Seguro de viaje.
- Visitas/excursiones.*
- 6 noches en hotel de 4 estrellas con todo incluido.**

* Espectáculos no incluidos en el precio.
** Precio por persona en habitación individual/doble.

RAE

LÉXICO

Español de España › maleta : *¡Hijo!, ¿dónde vas con esa **maleta**?*
Español de América › valija : *Las chicas se van con las **valijas** llenas de ilusiones.*

Español de España › billete : *Quiero un **billete** de primera para el primer vuelo.*
Español de América › boleto/pasaje : *Solo puedes ir en los taxis autorizados y tienes que comprar el **boleto**. Claro que te voy a ayudar. Conseguiremos un **pasaje**. ¿Cuánto cuesta?*

1.2 **En parejas** ¿Cuál de los tres destinos prefieres para ti? ¿Por qué?

1.3 **Todo el grupo** ¿Cuáles son los destinos más turísticos de tu país? ¿Qué buscan normalmente los turistas que lo visitan? Cuéntaselo a tus compañeros.

¿Por qué...? se usa para **preguntar** por la causa y *porque* para **responder**:
- ▶ *¿Por qué prefieres viajar en avión?*
- ▷ *Porque es más seguro.*

2 **En parejas** Lee la información de la web del hotel Quetzal de Antigua (Guatemala) y marca las afirmaciones correctas. Luego compara con tu compañero/a.

Hotel Quetzal Antigua (Guatemala)

8.5 ★★★☆ **Fantástico**

El hotel está situado en el centro histórico de Antigua. Las habitaciones tienen ventilador y TV y vistas al patio central o a la ciudad. A solo cinco minutos a pie hay cafeterías y restaurantes. El establecimiento también tiene servicios de enlace con el aeropuerto y otros lugares de interés (pagando un suplemento). El centro de la ciudad y la plaza principal están a siete minutos a pie.

Aceptamos tarjetas de crédito. Hablamos español e inglés.

Servicios:

Todas las habitaciones incluyen:

- Baño privado
- Ventilador
- TV
- Minibar

Opiniones:

Richi94 El hotel es muy céntrico. No es muy grande y no hay aire acondicionado en las habitaciones, pero la atención es muy buena.

Lo mejor: la atención. Lo peor: no hay restaurante.

Samanta0925 El hotel no es muy grande, pero es muy cómodo y acogedor. Cerca del hotel hay de todo: bares, restaurantes, supermercados… Además, está muy cerca de la estación de autobuses.

Lo mejor: la localización. Lo peor: no puedes desayunar en el hotel.

Edgar R La atención es muy buena y hay wifi gratis. Detrás del hotel hay una cafetería muy barata para desayunar.

Lo mejor: es muy barato. Lo peor: no hay aire acondicionado.

Valorar

Cuando valoramos el aspecto más positivo o más negativo de algo o alguien, se usa ***lo mejor*** y ***lo peor***:

Lo mejor del hotel es la atención y lo peor es que no hay restaurante.

1. ☐ Desde algunas habitaciones se ve la ciudad.
2. ☐ En el restaurante del hotel puedes desayunar.
3. ☐ Hay una estación de autobuses cerca del hotel.
4. ☐ En las habitaciones hay aire acondicionado y ventilador.
5. ☐ En el hotel hay aparcamiento.
6. ☐ El hotel está lejos del centro.
7. ☐ Las habitaciones tienen televisión.
8. ☐ El hotel es pequeño.

Pedir/dar información para ir a un lugar

- Perdón/Por favor, **¿cómo puedo/podemos ir a…?**
- ***Puede(s)/Pueden*** + ***tomar/coger/ir en*** + medio de transporte

▶ *¿Cómo **podemos ir a** plaza Central?*
▷ ***Pueden coger** el metro o **ir en el autobús** número 3.*

Preguntar/decir el precio

Usamos el verbo ***costar***:

▶ *¿**Cuánto cuesta** la excursión?*
▷ ***Cuesta** 20 €.*

3 [15] Juan y Ana están en Antigua, en el hotel Quetzal. Escucha la conversación con el recepcionista y completa la información de la tabla.

Pueden visitar…	Pueden ir…	¿Está lejos?	¿Cuánto cuesta?
el centro histórico			
el cerro de la Cruz			
el volcán de Agua			
las plantaciones de café			

RAE **LÉXICO**

Español de España › coger: *Tú **coges** poco el metro…*
Español de América › tomar/agarrar: *Sale corriendo y **toma** el autobús…*

4 [16] Juan y Ana van a visitar la iglesia de la Merced. Señala en el plano de Antigua el recorrido, según las indicaciones.

4.1 **En parejas** Pide indicaciones a tu compañero/a para llegar a los siguientes lugares. Después marca con una línea el recorrido en el plano de la actividad anterior.

Estás en...	**Quieres ir a...**
las ruinas de Capuchinas.	la catedral.
la plaza Central.	las ruinas de Santa Clara.
las ruinas de Santa Catalina.	la iglesia de la Merced.
las ruinas de la Recolección.	el ayuntamiento.

Las ruinas de la Recolección

5 **En parejas** Busca un plano de la ciudad en la que estudias español y pregúntale a tu compañero/a cómo puedes ir a algún lugar de tu interés.

Pedir/dar información espacial

- Perdón/Por favor, **¿dónde está/están...?**
- (Mira/Mire),
  - **gira/gire** a la derecha/izquierda... en...
  - **cruza/cruce** la calle...
  - **sigue/siga** todo recto por esta/la calle... hasta...
  - **allí/allá está/están...**

▶ *Por favor, **¿dónde está** la oficina de información?*
▷ ***Mira, sigue todo recto** hasta la segunda calle, **gira** a la derecha y **cruza** la calle. **Allí está** la oficina de información.*

En español, para expresar cercanía o lejanía, se utilizan estos adverbios:

- **aquí** (más cerca del hablante)
- **ahí** (distancia intermedia)
- **allí** (más lejos del hablante)

En Hispanoamérica se prefieren las formas ***acá*** y ***allá***, en lugar de ***aquí*** y ***allí***.

RAE **LÉXICO**
Español de España › manzana:
*Sí, está justo a dos **manzanas**.*
Español de América › cuadra:
*Camina de una esquina a otra de la **cuadra**.*

- Las formas ***mira, gira, cruza*** y ***sigue*** son informales: se usan con ***tú***.
- ***Mire, gire, cruce*** y ***siga*** son formales: se usan con ***usted***.

México lindo y bonito

1 **En parejas** En la revista *Viajeros* encontramos este artículo sobre Ciudad de México. Léelo y completa la ficha.

¿Qué visitar?

Centro histórico. La plaza de la Constitución –el Zócalo–, la Catedral Metropolitana, el Palacio Nacional y la basílica de Guadalupe. A unas cuadras está la plaza Garibaldi, donde se puede comer y escuchar música de mariachis.

Basílica de Guadalupe

Plaza de Garibaldi

¿Qué comer?

La gastronomía mexicana es rica en sabores. Hay restaurantes tradicionales para probar la comida típica y cotidiana. El maíz, los frijoles, el arroz y los chiles son los alimentos básicos y nunca pueden faltar en una mesa las tortillas, las quesadillas, los moles o los tacos.

Quesadillas

> Recuerda:
> Observar las imágenes ayuda a comprender el texto.

La **plaza de la Constitución**, informalmente conocida como *el Zócalo*, es la plaza principal de Ciudad de México. En ella se encuentra la Catedral Metropolitana de la Asunción de María de México (Patrimonio de la Humanidad desde 1987).

¿Cómo trasladarse?

Taxis. Los taxis autorizados tienen tarifas fijas. Se recomienda comprar el boleto en los puestos oficiales.

Metro. El boleto cuesta 5 pesos mexicanos.

Camiones. El boleto cuesta 5 pesos para una distancia de hasta 5 kilómetros y 6 pesos para más de 5 kilómetros.

Ciclotaxis. Para una o dos personas. Los ciclotaxis son muy cómodos y no demasiado caros: un viaje cuesta entre 20 y 30 pesos.

Bicibuses. Pueden ir hasta 11 personas y... ¡son gratuitos!

No te lo puedes perder

La Casa Azul, en el distrito de Coyoacán, a solo 11 km del centro de Ciudad de México, donde está el Museo Frida Kahlo, reconocida pintora mexicana.

Las pirámides de Teotihuacán, a 78 kilómetros al noreste de la capital mexicana. Son Patrimonio de la Humanidad.

Mundo Chocolate (MUCHO), un museo dedicado al chocolate. Un placer para los cinco sentidos. Hay talleres para dos adultos y dos niños por 180 pesos.

Teotihuacán

Casa Azul

¡Te encantará!

Ficha

Monumentos para visitar en el centro histórico: ....

Lugares de interés fuera del centro histórico: ....

Comidas típicas: ....

Medios de transporte y precio: ....

Vídeo

HOSTAL Babel

Días de fiesta

Antes del vídeo

1 **En parejas** Mira las siguientes fotografías. ¿Conoces estos lugares? Relaciona las imágenes con los puntos señalados en el mapa.

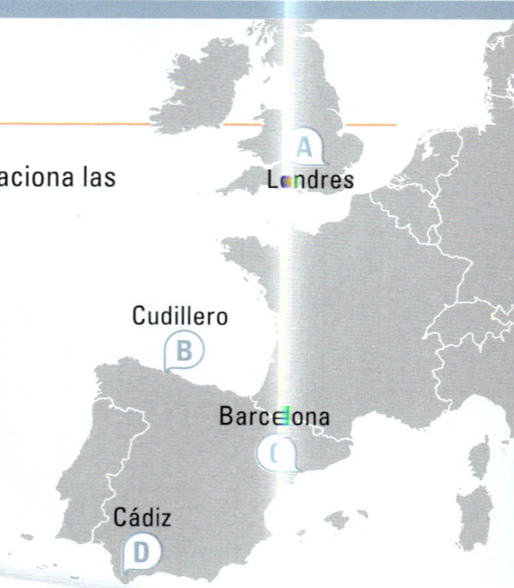

1 ☐

2 ☐

3 ☐

4 ☐

1.1 **En grupos pequeños** ¿Cuál de estos lugares prefieres para pasar unos días? ¿Por qué?

Ejemplo: *Yo prefiero ir a Cádiz, porque tiene playa y puedes tomar el sol.*

1.2 **En grupos pequeños** Ya conoces a los cuatro huéspedes del hostal Babel. ¿A cuál de estos lugares crees que va a viajar cada uno? ¿Por qué?

Durante el vídeo

2 Visiona el fragmento 00:30 ▶ 02:04 y marca las frases que se refieren a Tere o a Hugo.

Tere		Hugo
☐	Va a Cádiz.	☐
☐	Viaja a Barcelona.	☐
☐	Va con unas amigas.	☐
☐	Tiene una reserva para alojarse en un albergue.	☐
☐	Ya tiene los billetes (boletos) de avión.	☐
☐	Va en furgoneta.	☐
☐	Quiere dormir poco.	☐

2.1 Visiona el fragmento 02:04 ▷ 02:26 y completa la información que falta.

1. Del aeropuerto de Barcelona al centro de la ciudad se puede ir en ...., en .... y en ....
2. La línea de metro que conecta el aeropuerto y el centro de Barcelona es la línea ....
3. El autobús que va al centro pasa cada .... minutos y cuesta .... euros.

Fíjate: ¿Cómo llama Carla al dinero? ....

3

Ahora visiona el fragmento 02:36 ▷ 04:52 y marca las frases que se refieren a Leo o a Carla.

- ☐ Viaja a Londres. ☐
- ☐ Va a Cudillero. ☐
- ☐ Va en avión. ☐
- ☐ Viaja con un grupo de compañeros de la maestría. ☐
- ☐ Prefiere viajar con comodidades. ☐
- ☐ Quiere hacer una reservación en un hotel de lujo. ☐
- ☐ Los billetes cuestan 35 €. ☐

4

En el último fragmento (04:52 ▷ final) Bea cuenta qué va a hacer durante el puente. ¿A dónde va a ir? ¿Qué va a hacer? Explica si te parece un buen plan o no y por qué.

....

....

....

....

Fíjate: ¿Cómo llama Carla a la furgoneta? ....

Después del vídeo

5

Todo el grupo Fíjate en el gesto que hace Carla para referirse al sur de España. ¿Cómo crees que se indican los demás puntos cardinales? ¿Qué gestos haces tú para indicar los cuatro puntos cardinales?

Fíjate: Para localizar lugares usando los puntos cardinales, se usa ***está en el/al norte/sur/este/oeste***:

*Cudillero está **en el norte** de España.*
*Cádiz está **al sur** de España.*

6

Todo el grupo ¿Dónde quieres viajar las próximas vacaciones? ¿En qué medio de transporte? ¿Dónde quieres alojarte? ¿Qué quieres hacer en ese lugar? Cuéntaselo a la clase.

Evaluación

1 Relaciona las palabras de las dos columnas.

1. todo	a. wifi	1. ....
2. habitación	b. al aeropuerto	2. ....
3. hotel	c. de viaje	3. ....
4. vuelo	d. por cable	4. ....
5. seguro	e. incluido	5. ....
6. pagar	f. individual/doble	6. ....
7. TV	g. de 4 estrellas	7. ....
8. conexión	h. de ida y vuelta	8. ....
9. traslado	i. con tarjeta	9. ....

2 ¿Qué expresan las preposiciones de las siguientes frases?

dirección | medio de transporte | distancia | tiempo | localización | destino

1. Prefiero viajar **en** autobús porque es más barato. ....
2. El hotel está **a** 5 minutos. ....
3. Día 4: Visita **al** centro histórico de la ciudad. ....
4. La isla Saona está **en** el parque nacional de Cotubanamá. ....
5. El aeropuerto está **a** 20 kilómetros del hotel. ....
6. Yo quiero viajar **a** Buenos Aires porque es una ciudad muy interesante. ....

3 Une los elementos de las dos columnas para formar expresiones.

	un museo.	1. ....
	a la montaña.	2. ....
	una excursión.	3. ....
Ir	a un espectáculo.	4. ....
Visitar	un parque natural.	5. ....
Ver	monumentos.	6. ....
Hacer	a un mercado de artesanía.	7. ....
Tomar	animales.	8. ....
	a la playa.	9. ....
	submarinismo.	10. ....
	surf.	11. ....
	el sol.	12. ....

4 Combina los adjetivos con los siguientes nombres. Puede haber más de una posibilidad.

práctico | agradable | barato | lento | cómodo
pequeño | rápido | económico | bonito | seguro | caro | grande

- restaurante ....
- hotel ....
- medio de transporte ....

5 Escribe un comentario de un hotel en la web contando tu experiencia. Utiliza la información que te damos.

- Ubicación: a 5 minutos del centro.
- Categoría: ***
- Características: moderno, céntrico, económico.
- Alrededores: bares, restaurantes, banco, supermercado.
- Servicios: TV, wifi, aparcamiento, cafetería, aire acondicionado, recepción 12 horas.

infoHotel

El hotel está ....

Es ....

Cerca del hotel hay ....

El hotel tiene ....

En todas las habitaciones hay ....

Lo mejor: ....

Lo peor: ....

6 Mira el recorrido en el plano del centro histórico de Ciudad de México y completa el diálogo.

▶ Perdón, ¿cómo puedo ir a la plaza Garibaldi? ¿Está muy lejos?

▷ No, no, se puede ir caminando. Está a unos 20 minutos de acá, del Zócalo. Mire, [1] .... por la calle República de Brasil hasta la calle Tacuba. Es muy fácil: a la derecha está la catedral. Allá [2] .... y después [3] .... hasta la calle Lázaro Cárdenas. Allá [4] .... y [5] .... cinco cuadras. La plaza está a la derecha.

▶ Muchas gracias.

▷ De nada.

7 Contesta a las siguientes preguntas sobre México.

1. ¿En qué ciudad está la basílica de Guadalupe? ....
2. ¿Qué podemos hacer en la plaza Garibaldi? ....
3. ¿Cuáles son los alimentos básicos de la comida mexicana? ....
4. ¿Cuánto cuesta viajar en bicibús? ....
5. ¿Qué otros lugares de interés hay cerca de Ciudad de México? ....
6. ¿A qué está dedicado el museo MUCHO? ....

8 Piensa en los contenidos de esta unidad y puntúa de 1 a 5 tu nivel de aprendizaje.

Ahora puedo...

- dar y comprender información sobre medios de transporte. 1 2 3 4 5
- dar y comprender información sobre la ubicación de lugares. 1 2 3 4 5
- hablar de viajes y hoteles. 1 2 3 4 5
- hablar de algunos lugares turísticos de México y Guatemala. 1 2 3 4 5

Unidad

4

En familia

¿Cuántos miembros tiene esta familia? ¿Y tu familia?

¿Cómo van vestidos?

¿Están alegres o tristes?

¿Cómo crees que es el abuelo de la familia?

En esta unidad vas a. . .

- Hablar de la familia
- Hablar de acciones cotidianas relacionadas con la familia
- Describir personas: descripción física y de carácter
- Describir la ropa
- Expresar posesión y pertenencia
- Hablar de las acciones que se están realizando
- Conocer a diseñadores de moda del mundo hispano

¿Qué sabes?

1 **En parejas** ¿Conoces a estos famosos? Di su nombre y a qué se dedican. Todos ellos tienen en común que uno de sus familiares es también famoso. ¿Sabes quién es y qué hace? Con tu compañero/a, busca en internet esta información.

1.1 **Todo el grupo** ¿Hay alguna familia famosa en tu país? ¿Sabes a qué se dedican sus miembros?

2 **En parejas** ¿Cómo crees que son estas personas? Ponte de acuerdo con tu compañero/a. Puedes usar el diccionario si no conoces alguna palabra.

alegre | serio/a | sociable | divertido/a | abierto/a | clásico/a | trabajador/a | moderno/a

Ejemplo: *Yo creo que el chico de la foto 1 es…*

2.1 **En grupos pequeños** Y tú, ¿cómo eres?

3 **En parejas** ¿Cómo crees que es el estilo de vestir de las personas anteriores? ¿Moderno, informal, elegante, *fashion*, clásico, deportivo, alegre…?

3.1 **Todo el grupo** Y tú, ¿cómo te vistes normalmente? ¿Con qué foto o fotos te identificas más?

Palabras

1 Lee la descripción de la familia de Esteban y completa las frases.

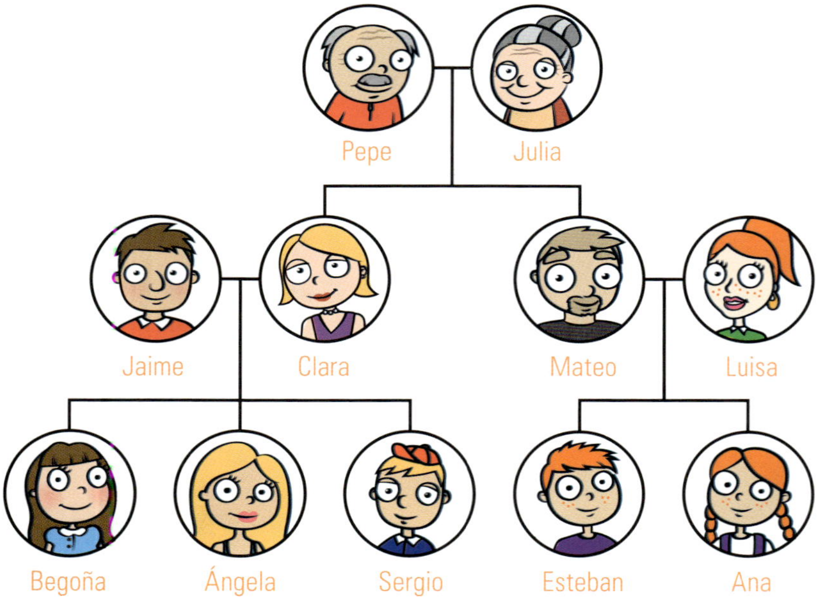

Esta es mi familia.

Mi padre se llama Mateo y mi madre, Luisa. Tengo una hermana menor que se llama Ana.

Mi padre tiene una hermana mayor, mi tía Clara, que está casada con Jaime, mi tío. Jaime y Clara tienen tres hijos: dos hijas y un hijo; son mi prima Begoña, su hermana menor Ángela y su hermano menor Sergio. Mis padres, mis tíos, mis primos, mi hermana y yo vamos muchas veces a comer a casa de mis abuelos, Julia y Pepe, que se ponen muy contentos cuando ven a sus cinco nietos.

Fíjate:

- padre + madre › **padres**
- hermano + hermana › **hermanos**
- tío + tía › **tíos**
- abuelo + abuela › **abuelos**

1. La mujer de Jaime se llama ....
2. Los sobrinos de Mateo y Luisa se llaman ...., ... y ....
3. El marido de Luisa se llama ....
4. Mateo está casado con ....
5. .... es la abuela de Esteban, Ana, Begoña, Ángela y Sergio.

1.1 **Todo el grupo** ¿Cómo es tu familia? Preséntasela a la clase.

2 **En parejas** Relaciona cada descripción con su fotografía correspondiente. Compara la descripción con la imagen y localiza el error que hay. Luego comprueba con tu compañero/a. ¿Coincidís?

1. ☐ Estos son mi hermana Claudia y su pareja Daniel. Claudia es alta y delgada. Tiene el pelo moreno y los ojos marrones. Daniel es castaño y tiene los ojos oscuros. Los dos son muy simpáticos.
2. ☐ Estos son mis abuelos. Mi abuelo tiene el pelo blanco y lleva barba y bigote. Mi abuela tiene el pelo corto y es delgada. Los dos son muy serios y activos. ¡Siempre están haciendo cosas!
3. ☐ Esta es mi prima Eva. Eva tiene el pelo rizado y rubio y tiene los ojos azules. Es muy inteligente. En la foto está seria porque es un poco tímida.

2.1 Clasifica las frases resaltadas según se refieran al aspecto físico o al carácter.

3 [17] Mira las ofertas de ropa de tuarmario.com y escucha la conversación. ¿Qué ropa quiere comprar Luis? ¿Y Maite?

tuarmario.com

Mujer
Pantalones vaqueros
15 € ~~39.99 €~~ -40%

Mujer
Jersey de lana rojo
45 €

Hombre
Abrigo negro
145 €

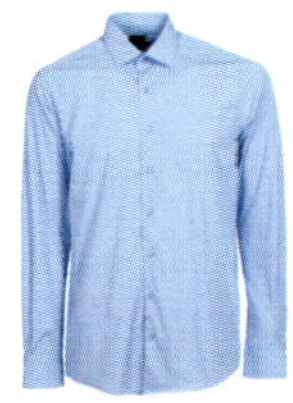

Hombre
Camisa de manga larga de diferentes colores
35 € ENVÍO 48 h

Niño
Camiseta de diferentes colores (blanca, azul, roja, amarilla y naranja)
12 € ENVÍO 48 h

Hombre
Pantalones cortos de diferentes colores
29.99 €

Mujer
Falda corta de rayas de algodón
25 € ENVÍO 48 h

Mujer
Bolsos de cuero desde 29.99 €

Mujer
Zapatos verdes de tacón
75 €

Niño
Zapatillas de diferentes modelos y colores desde 14.99 €

Hombre
Zapatos marrones de piel
120 €

Ver ofertas exclusivas online

Estos son los nombres en español de los tejidos más comunes:

- algodón
- lana
- piel/cuero
- seda

RAE **LÉXICO**

Español de España

- zapatillas deportivas/de deporte: *Observé que seguía calzado con las mismas **zapatillas deportivas**.*
- abrigo: *Se puso el **abrigo** para salir a llevar la carta.*
- camiseta: *Sabemos que viste unos pantalones cortos y una **camiseta** azul.*
- falda: *Llevaba una **falda** negra y una hermosa blusa de seda blanca.*

Español de América

- tenis: *Los dos iban de* blue jeans *y **tenis**, parecían turistas.*
- tapado (tapadito): *Caridad Canelón iba por la calle con un **tapado** corto de piel de conejo.*
- remera: *Para bailar uso el mismo jeans con una **remera** más llamativa.*
- pollera: *La miré –ojos marrones, pelo castaño, blusa verde, **pollera** negra…*

3.1 **Todo el grupo** ¿Qué ropa llevas tú normalmente cuando vas a estos lugares?

al trabajo | al gimnasio | a cenar a un restaurante | a la universidad/escuela | a una fiesta

Ejemplo: *Cuando voy al trabajo llevo…*

Gramática

RAE

GRAMÁTICA

La forma ***vos*** se utiliza en distintas partes de Hispanoamérica, pero su uso está extendido sobre todo en Argentina, Uruguay y Paraguay › vos habl**ás**, aprend**és**, escrib**ís**:

*Dicen que una vez que **aprendés** a andar en bicicleta, nunca más se te olvida.*

*Hablé con Mariano, me dio el nombre de un colega suyo. Si **querés**, **escribís** el número de teléfono y el nombre. Ya él conoce tu problema.*

*Pero, a pesar de eso, **hablás** y **narrás** tus cuentos.*

1 Presente de indicativo regular: verbos terminados en *-ar*, *-er*, *-ir*

- En español existen tres conjugaciones *(-ar, -er, -ir)* y tienen las siguientes terminaciones en presente de indicativo:

	Hablar	Aprender	Escribir
yo	habl**o**	aprend**o**	escrib**o**
tú	habl**as**	aprend**es**	escrib**es**
él, ella, usted	habl**a**	aprend**e**	escrib**e**
nosotros/as	habl**amos**	aprend**emos**	escrib**imos**
vosotros/as	habl**áis**	aprend**éis**	escrib**ís**
ellos, ellas, ustedes	habl**an**	aprend**en**	escrib**en**

- El presente de indicativo se usa para expresar **acciones habituales** o **acciones** que se realizan en el tiempo **presente**:

*Los fines de semana mis hermanos y yo **paseamos** por la playa.*
*Normalmente **trabajo** de 8 a 17 h.*
***Estudio** Económicas en la Universidad de Salamanca.*

1.1 Conjuga los siguientes verbos en la persona indicada.

1. llevar (ustedes) ....
2. cenar (tú) ....
3. cocinar (vosotros) ....
4. comprar (él) ....
5. leer (ella) ....
6. comer (ellos) ....
7. beber (vosotros) ....
8. correr (tú) ....
9. vivir (vos) ....
10. abrir (yo) ....
11. escribir (usted) ....
12. subir (nosotros) ....

2 Hablar de acciones que están en proceso

- Para hablar de acciones que **se están desarrollando** en este momento se usa la estructura ***estar*** + gerundio.
- Para formar el gerundio se sustituye la terminación del infinitivo por estas terminaciones:
  - verbos en *-ar* › *-ando*
  - verbos en *-er*, *-ir* › *-iendo*

¡Hola! En este momento estoy cocinando.

estar		gerundio
estoy	+	cocin**ando**
estás		aprend**iendo**
está		escrib**iendo**
estamos		
estáis		
están		

Fíjate: Algunos gerundios irregulares comunes son:

- dormir › **du**rmiendo
- leer › le**y**endo
- pedir › p**i**diendo
- vestir › v**i**stiendo
- ir › **y**endo
- morir › m**u**riendo
- decir › d**i**ciendo
- oír › o**y**endo

2.1 ¿Qué están haciendo estas personas?

Subir las escaleras. | Jugar a la pelota. | Beber agua.

1 

2 

3 

3 Adjetivos y pronombres demostrativos

Los demostrativos sirven para indicar **la distancia** entre los interlocutores y el objeto o persona a los que se refieren. Pueden utilizarse como adjetivos (si acompañan al nombre) o como pronombres (si van solos):

	Masc. singular	Fem. singular	Masc. plural	Fem. plural
Aquí	este	esta	estos	estas
Ahí	ese	esa	esos	esas
Allí	aquel	aquella	aquellos	aquellas

(+ nombre)

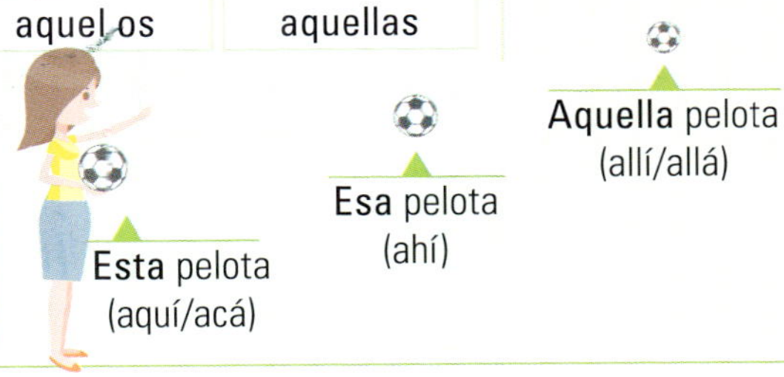

Es frecuente utilizar las manos para señalar el objeto del que estamos hablando, reforzando así la idea de cercanía o lejanía.

3.1 **Completa con el demostrativo adecuado teniendo en cuenta la distancia que se indica.**

1. ▶ ¿Te gustan .... pantalones? (Ahí)
   ▷ No, prefiero comprar .... Son más bonitos. (Allí)
2. Quiero .... falda roja. (Aquí)
3. Necesito unas zapatillas para hacer deporte. ¡.................... son perfectas! (Aquí)
4. ¡.................... bolso de piel es muy bonito! (Allí)
5. ¿Cuánto cuesta .... abrigo rojo de ahí?

4 Adjetivos posesivos

- Los posesivos indican **de quién** es un objeto o la relación de **parentesco** entre las personas:

	Singular	Plural	
Un poseedor	mi tu su	mis tus sus	(yo) (tú) (él, ella, usted)
Varios poseedores	nuestro/a vuestro/a su	nuestros/as vuestros/as sus	(nosotros/as) (vosotros/as) (ellos, ellas, ustedes)

- El posesivo concuerda en género y número con la persona o cosa poseída:

  *Ella lleva **nuestros libros** en una bolsa.*

  *Estos son **mis padres**.*

- El posesivo ***su*** puede referirse a uno o a varios poseedores:

  *Voy a **su casa**.* (Puede ser la casa *de él, de ella, de ellos, de ellas, de usted* o *de ustedes*)

4.1 **Completa el diálogo con el posesivo adecuado.**

▶ Tus hermanas están casadas, ¿no?
▷ [1] .... hermana Eva no está casada, pero Luisa sí. [2] .... marido es de Canadá y tienen dos hijos de 4 y 5 años. Son muy guapos.
▶ ¿Y en qué lengua hablan con [3] .... hijos?
▷ En inglés y en español.
▶ ¡Qué suerte tienen [4] .... sobrinos! Yo tengo 35 años y hablo muy mal inglés...

Practica en contexto

Describir el físico

- **Es** alto/a, bajo/a, gordo/a, delgado/a, guapo/a, feo/a…
- **Tiene** los ojos verdes, negros, marrones, oscuros…
- **Tiene** el pelo rubio, moreno, blanco, castaño, negro, largo, corto, liso, rizado…
- **Tiene/lleva** barba, bigote…

Describir la ropa y los complementos

- **Llevar** + prenda de ropa o complemento
  Lleva unos pantalones vaqueros y una camiseta roja.
  ¿Llevas gafas?
- Estos son algunos **colores** que puedes usar:

negro/a	gris	rosa
blanco/a	azul	marrón
rojo/a	verde	amarillo/a

1 **En parejas** ¿Quién es quién en esta reunión familiar? Lee las descripciones y escribe el nombre de cada miembro de la familia.

LUCAS
Es el hermano mayor de Patricia. Está hablando con su prima Eva, la hija del tío Juan, una chica morena, alta y muy guapa que lleva una falda vaquera azul y una camisa blanca.

ANA
Es la hermana menor de Patricia. Lleva una falda roja y una camiseta blanca. A la izquierda está el tío Juan, el hermano mayor de su padre, que está bebiendo agua al lado del ventilador porque tiene mucho calor.

JOSÉ LUIS Y ARANTXA
Son los padres de Patricia. Están comiendo unos canapés cerca del mueble. Su padre es alto, moreno y tiene bigote, y su madre es morena y un poco bajita. José Luis lleva un traje gris y Arantxa un vestido negro. Cerca de ellos están los abuelos de Patricia, Antonio y Pepa, que también están comiendo unos canapés. Su abuelo tiene el pelo blanco y lleva bigote. Su abuela tiene también el pelo blanco y lleva gafas.

M.ª LUISA
Es su tía, la mujer de su tío Juan. Es una mujer muy elegante que lleva un vestido verde. Está jugando con su nieto, Alfonso, que tiene 3 años. Detrás está Javi, el marido de Eva. Es alto, rubio y lleva unos vaqueros y una camiseta amarilla. Está hablando con Patricia sobre su hijo.

RAE **LÉXICO**
Español de España › vaquero(s) :
*Solía vestirse con pantalones **vaqueros** y chaquetas muy elegantes.*
Español de América › *jean(s)*, bluyín (bluyines) :
*Malena cambió la minifalda por **bluyines**.*

1.1 **En parejas** Ahora completa el árbol genealógico de Patricia.

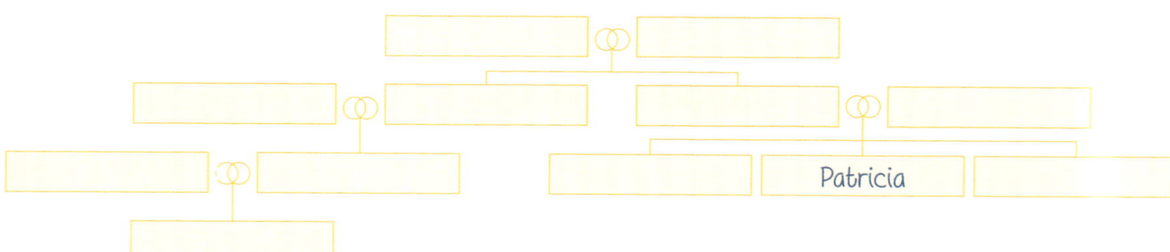

2 [18] Escucha las conversaciones y relaciona las descripciones con las fotos.

A ☐

B ☐

C ☐

D ☐

2.1 [18] Vuelve a escuchar el audio y marca en el cuadro los adjetivos de carácter con los que se describe a estas personas. Luego compara con tu compañero/a.

	Ernesto es...	Juan es...	Julia es...	Claudia es...
simpático/a				
sociable				
divertido/a				
trabajador/a				
tímido/a				
alegre				
inteligente				

Describir el carácter

Para describir el carácter de las personas utilizamos el verbo ***ser*** y un adjetivo de carácter:

- Es...
  - alegre ≠ serio/a
  - simpático/a ≠ antipático/a
  - sociable ≠ tímido/a
  - trabajador/a ≠ vago/a
  - inteligente ≠ torpe...

Marta es un poco tímida pero muy trabajadora.

2.2 **Todo el grupo** Busca una foto de algún familiar o amigo y después cuenta a la clase cómo se llama esa persona, cómo es físicamente, cómo es su carácter y qué está haciendo en la foto.

Esta es una foto de mi/mis...

- Cuando describimos una característica negativa del físico o del carácter, lo podemos suavizar añadiendo ***un poco*** o con las terminaciones ***-ito/a/os/as***:
  *Mi hermana es **un poco** seria.*
  *Mi padre es **feíto** pero muy simpático.*
- El adjetivo ***gordo/a*** tiene un sentido muy negativo en la actualidad, por eso se usan otras expresiones como ***tener sobrepeso, tener algunos kilos de más***...:
  Ese chico tiene sobrepeso. Debe ir al gimnasio.

3 **En parejas** Vas a leer un texto de la fundación Humana. Antes de leerlo, relaciona las palabras con las imágenes y construye una frase para explicar a qué crees que se dedica esta fundación. Luego compara con tu compañero/a.

1. Comprar ropa de segunda mano. | 2. Hacer un donativo. | 3. Donar ropa y zapatos. | 4. Protección del medioambiente. | 5. Cooperación al desarrollo.

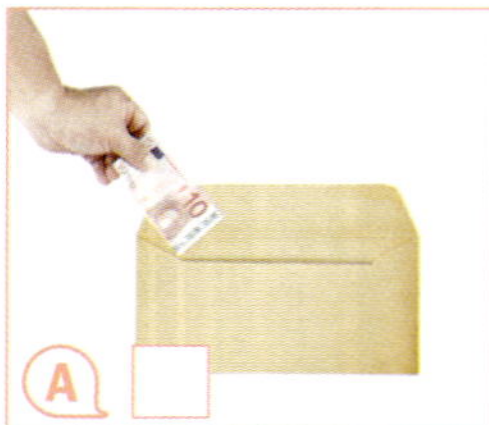
A ☐

B ☐

C ☐

D ☐

E ☐

3.1 Lee la información de la web de Humana y comprueba tu respuesta anterior.

www.humana-spain.org

HUMANA

¿Quiénes somos?

Humana es una fundación que promueve desde 1987 la protección del medioambiente y la cooperación al desarrollo gracias a la reutilización de la ropa.

¿Qué hacemos?

Proteger el medioambiente y desarrollar proyectos de cooperación en diferentes países de África, Sudamérica y Asia. También queremos fomentar la educación y la sensibilización sobre estos temas en los países desarrollados.

¿Qué puedes hacer tú?

Puedes donar la ropa y los zapatos que no utilizas en nuestros 5000 contenedores o en una de nuestras 44 tiendas de Barcelona, Madrid, Sevilla y Granada.

En las tiendas Humana puedes comprar ropa de segunda mano original, de calidad y muy barata, que no hay en otras tiendas. Es una moda sostenible y solidaria. Además, en las tiendas de Humana puedes conocer nuestros proyectos de cooperación.

También puedes **colaborar con nosotros como socio**, **hacer un donativo** o **participar en nuestros proyectos**.

3.2 **En grupos pequeños** Piensa en la ropa que no te pones y que puedes donar a Humana. Descríbela. Después haz una lista y ponla en común con tus compañeros. ¿Cuánta ropa hay? ¿Para quién puede ser útil?

3.3 **Todo el grupo** ¿Participas en alguna asociación o proyecto de este tipo? ¿Cómo? Explica a tus compañeros el proyecto y los objetivos que tiene.

Cruz Roja Española

Cáritas

UNHCR ACNUR La Agencia de la ONU para los Refugiados

4 [19] Escucha esta conversación entre Ana y Mónica, dos amigas que hablan de la familia, y responde a las preguntas sobre Ana.

1. ¿A quién ve con más frecuencia? ....
2. ¿Con quién toma café y habla? ....
3. ¿Con quién come frecuentemente? ....
4. ¿Con quién cena en restaurantes? ....
5. ¿Con quién celebra la Navidad? ....
6. ¿Con quién va al parque? ....
7. ¿A quién lee cuentos? ....
8. ¿Con quién pasea por el parque los domingos? ....

Expresar frecuencia

\+
- siempre
- normalmente
- a menudo
- con frecuencia
- a veces
- (casi) nunca

–

Fíjate:
Cuando una pregunta comienza con una preposición, se usa la misma preposición para responder:

▶ *¿Con quién celebras tu cumpleaños?*
▷ ***Con** mi familia y mis amigos.*

4.1 **En parejas** Haz el siguiente test a tu compañero/a y toma notas.

1. ¿A qué miembro/s de la familia ves con más frecuencia? ¿Por qué?
2. ¿Qué haces con tu familia normalmente?
3. ¿Visitas normalmente a tus tíos, primos o abuelos? ¿Cuándo? ¿Qué haces normalmente con ellos?
4. ¿Con quién celebras los cumpleaños? ¿Qué haces normalmente para celebrarlos?
5. ¿Con qué miembros de tu familia tienes buena relación? ¿Y con quién tienes mala relación?

Hablar de relaciones personales

- Tener (muy) buena/mala relación con…
- Tener mucha/(muy) poca relación con…

*Tengo **muy buena relación con** mi hermana, pero tengo **poca relación con** mis tíos porque viven muy lejos.*

4.2 **Todo el grupo** ¿Crees que tu compañero/a es una persona familiar? ¿Por qué? Justifica tu respuesta.

4.3 **Todo el grupo** ¿La familia en tu país es muy extensa? ¿La familia se ve con frecuencia? ¿En qué ocasiones?

DISEÑADORES
de aquí y de allá

Michelle Obama durante el discurso de su marido, Barack Obama, en Chicago (vestido diseñado por Narciso Rodríguez)

Lady Gaga en una visita al Empire State Building (vestido de Carolina Herrera)

Renée Zellweger en Nueva York en el estreno de *Miss Potter* (vestido de Carolina Herrera y zapatos de Manolo Blahnik)

Narciso Rodríguez

Este diseñador de padres cubanos fue quien diseñó el vestido de Michelle Obama para la inauguración presidencial de 2008. También llevan sus diseños actrices como Salma Hayek, Sarah Jessica Parker, Rachel Weisz o Sônia Braga.

Carolina Herrera

Carolina Herrera, nacida en Venezuela, es la diseñadora hispana más reconocida mundialmente. Llevan sus diseños celebridades como Nicole Kidman, Jessica Alba, Angelina Jolie, Salma Hayek, Lucy Liu, Renée Zellweger y Lady Gaga, entre otras. Sus líneas de maquillaje y perfumes también son muy famosas.

Zapato de Manolo Blahnik exhibido en el Museo Kampa de Praga en la exposición *Manolo Blahnik: The Art of Shoes*

Custo Dalmau

Custo Dalmau y su hermano David tienen su propia marca, Custo Barcelona, por la que son mundialmente conocidos. Sus camisetas, con un estilo diferente y colorido, son famosas por series de televisión como *Friends*. Las camisetas son su producto estrella, pero en la actualidad Custo Barcelona tiene también una línea completa de moda.

Manolo Blahnik

Hijo de padre checo y de madre canaria, Manuel Blahnik Rodríguez, más conocido como Manolo Blahnik, es un diseñador de moda español. Es el fundador de una de las marcas de zapatos más prestigiosas del mundo.

Tienda de Custo Barcelona en la Diagonal (Barcelona)

1 **Todo el grupo** ¿Hay algún diseñador de moda famoso en tu país? Preséntaselo al resto de la clase.

HOSTAL Babel

Navidad en Babel

Antes del vídeo

1 Es Navidad en Babel. Fíjate en la fotografía. ¿Qué están haciendo Carla y Leo?

1.1 ¿Cómo adornas tu casa en Navidad?

2 **En parejas** Ahora mira las siguientes fotografías y decide quién dice cada una de estas frases.

1. Yo estoy muy lejos de mi familia.
2. Es una fiesta muy especial.
3. Es mi primera Navidad lejos de mi país y de mi casa.
4. ¡Me encanta la Navidad!

Durante el vídeo

2.1 Comprueba tus respuestas de la actividad 2 visionando el primer fragmento (00:30 ▸ 01:00).

> Fíjate:
> Hugo dice que va a "extrañar" a su hermana. ¿Sabes qué quiere decir?

3 Visiona el fragmento 01:00 ▸ 01:52 y responde a las siguientes preguntas.

1. ¿Cuántos hermanos tiene Hugo?
2. ¿Quién es el hermano mayor?
3. ¿Cómo se llaman sus hermanos?
4. ¿Cuántos años tiene su hermana?
5. ¿Cómo es físicamente la hermana de Hugo?
6. ¿Y cómo es su carácter?

4 Ahora visiona el fragmento 01:53 ▸ 04:22 para saber algo más de la gran familia de Hugo. Luego completa.

1. Rosario es su ....*madre*............ .
2. Margarita es su ....
3. Luis es su ....
4. Gabriela es su ....
5. Eusebio es su ....
6. Alberto es su ....
7. Claudio es su ....
8. Laura es su ....

4.1 Hugo siempre se reúne con su familia en Navidad. Vuelve a visionar el fragmento 01:53 ▶ 04:22 y marca la información correspondiente a cada familiar.

	Su madre	Su tía	Su padre	Su hermano	Su primo	Su prima
Lleva una camiseta de cuadros.	☐	☐	☐	☐	☐	☐
Es gordita.	☐	☐	☐	☐	☐	☐
Tiene el pelo largo y rubio.	☐	☐	☐	☐	☐	☐
Es un poco serio.	☐	☐	☐	☐	☐	☐
Lleva corbata.	☐	☐	☐	☐	☐	☐
Es muy tímido.	☐	☐	☐	☐	☐	☐
Tiene el pelo corto.	☐	☐	☐	☐	☐	☐
Tiene bigote.	☐	☐	☐	☐	☐	☐
Tiene el pelo largo y negro.	☐	☐	☐	☐	☐	☐
Es simpática.	☐	☐	☐	☐	☐	☐
Lleva una camisa azul.	☐	☐	☐	☐	☐	☐
Tiene 46 años.	☐	☐	☐	☐	☐	☐

5 Carla está un poco triste porque está lejos de su familia. Visiona la última parte del vídeo (04:22 ▶ final) y escribe qué planes proponen y quién para animar a Carla.

1. .... juntos en el hostal.
2. .... platos típicos de México y Argentina.
3. .... de fiesta.
4. .... de compras.

> Fíjate:
> ¿Cómo llama Hugo a los platos típicos de México? ....

Después del vídeo

6 **En grupos pequeños** Después de ver este episodio, ya conoces un poco mejor a los habitantes del hostal Babel. ¿Puedes describir cómo son? ¿Qué llevan hoy? Si es necesario, puedes volver a ver el vídeo. Luego compara tu descripción con la de tus compañeros.

7 **Todo el grupo** ¿Tú también celebras la Navidad? ¿Con qué familiares la celebras normalmente? ¿Dónde la celebras? ¿Qué ropa te pones?

Evaluación

1 Completa las frases.

1. La madre de tu padre es tu ....
2. El hermano de tu madre es tu ....
3. Los hijos de tus abuelos son tus .... o tus ....
4. Los hijos de tus tíos son tus ....
5. La mujer de tu tío es tu ....

2 Relaciona las palabras con los verbos.

el pelo rubio | alegre | feo | bigote | gafas | el pelo castaño | serio
los ojos verdes | barba | antipático | los ojos oscuros

- Es ....
- Tiene ....
- Lleva ....

3 Describe a las personas de las fotografías.

1

2

3

4 Completa las frases con el posesivo adecuado.

nuestra | mi | vuestros | mis | tus | nuestros | sus

1. ▶ ¿Estas son .... gafas?
   ▷ Sí, sí, son .... gafas. ¡Gracias!
2. ▶ ¿Sabes que las hermanas de Shakira son modelos?
   ▷ No, no, las modelos son .... primas.
3. ▶ Oye, Carmen, ¿quién es tu hermano?
   ▷ ¿......................... hermano? El que está hablando por teléfono.
4. ▶ Juan, Ana, ¿son esos .... padres?
   ▷ Sí, esos son .... padres. Ven, que te los presentamos.
5. Nosotros no tenemos primos, ... tía no tiene hijos.

5 ¿Qué estás haciendo en este momento?

....
....

6 Elige el demostrativo adecuado.

1. ▶ ¿Quiénes son tus tíos?
   ▷ **Estos/Aquellos**. En esta foto están muy guapos, ¿no?
   ▶ ¿Y **esa/esta** niña de aquí?
   ▷ Es mi prima Carolina. Es un poco tímida, pero es muy simpática.
2. ▶ ¿De quién es **esta/aquella** camisa de allí?
   ▷ Es de Luis.
3. ▶ ¿Qué podemos regalarle a Marta? **Aquel/Este** jersey de aquí es muy alegre, ¿no?
   ▷ Mmm... La verdad es que yo prefiero algo más clásico. ¿Y si le compramos **esa/esta** falda azul de ahí?
4. ▶ **Aquella/Esa** chica de allí lleva unos pantalones muy bonitos, ¿la ves?
   ▷ Sí, es verdad. **Estos/Esos** que llevo yo también son bonitos y muy cómodos.

7 Completa el texto con los verbos en presente de indicativo.

Mi familia [1] .... (ser) muy especial. [2] .... (Ser, nosotros) tres hermanos y todos [3] .... (estar) muy unidos. Mis padres [4] .... (tener) una casa muy grande en el campo y normalmente [5] .... (ir, nosotros) allí porque hay mucho espacio. Mis hermanos ya no [6] .... (vivir) en casa, pero yo sí porque [7] .... (tener) 15 años y todavía [8] .... (estar) estudiando. A veces [9] .... (comer) todos juntos y [10] .... (hablar) de las historias de la familia o [11] .... (pasear) por el campo. Mi madre [12] .... (cocinar) muy bien y [13] .... (preparar) las mejores paellas del mundo. [14] .... (Trabajar) en una editorial. Mi padre, ahora que ya no [15] .... (trabajar), [16] .... (pintar) y [17] .... (pasar) mucho tiempo con sus nietos: los [18] .... (llevar) al parque, [19] .... (leer) cuentos con ellos... ¡[20] .... (Ser, nosotros) una familia muy unida!

8 Describe la ropa que llevan estos modelos.

1. Diseño de Custo Dalmau
2. Diseño de Narciso Rodríguez
3. Diseño de Carolina Herrera
4. Zapatos de Manolo Blahnik

9 Responde a las siguientes preguntas.

1. ¿De dónde es la diseñadora Carolina Herrera?
2. ¿De dónde son los padres de Manolo Blahnik? ¿Qué diseña principalmente Manolo Blahnik?
3. ¿Con qué familiar trabaja Custo Dalmau?
4. ¿De dónde son los padres de Narciso Rodríguez?

Unidad

5

¿A qué hora te levantas? ¿Temprano o tarde?

¿Dónde desayunas normalm

¿Cuál es tu día favorito de la semana? ¿Y tu mes?

Igual que todos los días

En esta unidad vas a...

- Decir la hora
- Hablar de acciones habituales
- Hablar de horarios, fechas y partes del día
- Situar las acciones en el tiempo
- Expresar frecuencia y el número de veces que se hace algo
- Conocer el horario de los españoles

¿Qué sabes?

1 ¿Sabes decir la hora en español? Fíjate en las imágenes y relaciónalas con las frases.

① ☐

② ☐

¿Qué hora es?

a. Son las nueve en punto.
b. Son las dos **y** media.
c. Son las cuatro **y** cuarto.
d. Son las seis **y** dos.
e. Es la una **menos** cuarto.
f. Son las doce **menos** cinco.

1.1 **En parejas** Completa el esquema de las horas con ayuda de la actividad anterior.

cuarto
y media
y
menos
cuarto
en punto

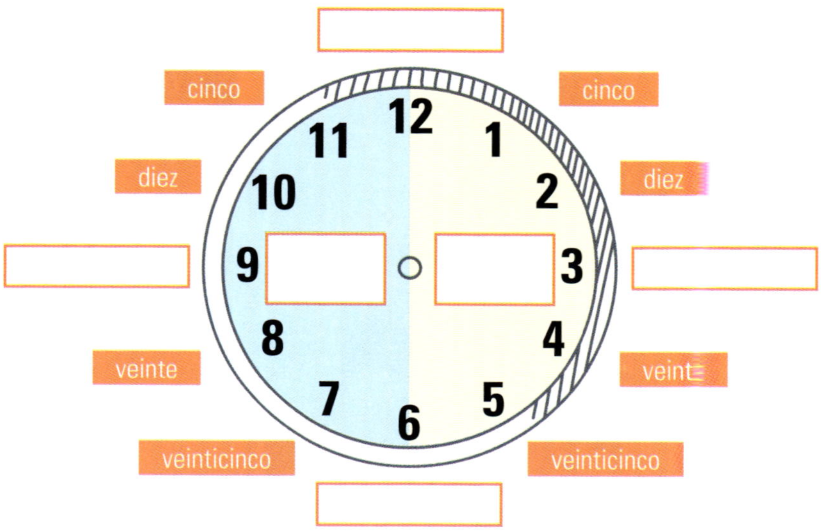

~~Son~~ *Es la una y veinte.*

RAE

COMUNICACIÓN

Español de España › ¿Qué hora es? : *Pero **¿qué hora es?** ¿Las siete ya?*
Español de América › ¿Qué horas son? : *–**¿Qué horas son**, compañero? –Van a dar las cinco.*
Español de España › ***Son las*** + hora + ***menos cuarto*** : *Son las once **menos cuarto**.*
Español de América › ***Son (un)/Falta un cuarto para*** + hora : *Sí, **son cuarto para las** doce de la noche.*

1.2 **En parejas** ¿Qué hora es en estos lugares? Búscala en internet y comparte la información con tu compañero/a.

Estudiante A

¿Qué hora es en...?
- Sídney
- Taipéi
- Moscú
- Montevideo
- Vancouver
- Ciudad del Cabo

Estudiante B

¿Qué hora es en...?
- Tokio
- Manila
- El Cairo
- Chicago
- Ciudad de México
- Honolulu

3 ☐

4 ☐

5 ☐

6 ☐

- Para **decir la parte del día** en la que situamos una acción se usa ***por*** *la mañana/tarde/noche* y ***a*** *mediodía*:
  Voy a clase ***por*** *la mañana.*
- Para **concretar la hora** se usa: hora + ***de*** *la mañana/tarde/noche*:
  En Madrid son las cinco y media ***de*** *la tarde y en Los Ángeles son las ocho y media* ***de*** *la mañana.*
- En contextos formales se usa el formato 24 horas para expresar la hora:
  El tren sale a ***las 17:30***. ("El tren sale a **las diecisiete treinta horas**").

RAE

LÉXICO

Español de España › **Por** la mañana/tarde/noche:
Por ***las noches*** *hablamos para intentar comprender un poco mejor el país de Gales…*
Español de América › **En** la mañana/tarde/noche:
Lunes ***en*** *la mañana. Leonidas Harpago se mira en el espejo de la puerta del baño.*

2 **En parejas** ¿Cuándo realizas estas actividades? Clasifícalas según el momento del día y compáralas con tu compañero/a.

Dormir. | Tomar un sándwich. | Hacer deporte. | Escuchar música. | Estudiar. | Lavarte los dientes. | Tomar café. | Leer un libro. | Hacer la compra. | Salir con amigos/as.

Por la mañana	A mediodía	Por la tarde	Por la noche

Aunque el **mediodía** marca una hora concreta del día (las 12:00), en España y en la mayoría de los países de Hispanoamérica es un periodo de tiempo que incluye la hora de la comida (entre las 12:00 y las 15:00 h).

2.1 **En parejas** ¿Qué otras actividades realizas tú en las diferentes partes del día? Amplía la tabla de la actividad anterior.

Palabras

1 Lee los comentarios de estas personas sobre sus rutinas y escribe los días de la semana.

Ver la tele

Antonio: "Los miércoles y los jueves no salgo, siempre preparo la cena en casa y veo la tele con mi pareja".

Ducharse

César: "Los lunes me ducho por la noche, porque los martes por la mañana salgo de casa muy temprano".

Acostarse

Esther: "Siempre pongo la alarma en el móvil cuando me acuesto".

Trabajar

Natalia: "Trabajo en una oficina de lunes a viernes, de 8 de la mañana a 5 de la tarde".

Levantarse

Raquel: "Los sábados y los domingos me levanto más tarde porque no tengo que trabajar".

Desayunar

Arturo: "El fin de semana desayuno en casa tranquilamente: café, fruta y cruasanes".

L............

M............

M............

J............

V............

S............ | **Fin de semana**

D............

Fíjate:
- Estas son las abreviaturas de los días de la semana: L/M/X/J/V/S/D.
  El miércoles se representa con una X para evitar la confusión con la M del martes.
- La estructura *soler* + infinitivo sirve también para expresar acciones habituales:
  *Los sábados y los domingos **suelo** levantarme más tarde.*

1.1 **En parejas** ¿Hazle esta encuesta a tu compañero/a. ¿Tenéis las mismas rutinas?

1. ¿A qué hora te levantas? Me levanto a las ....
2. ¿Cuándo te duchas? ☐ Por la mañana. ☐ Por la tarde. ☐ Por la noche.
3. ¿A qué hora te acuestas? Me acuesto a las ....
4. ¿Qué horario de trabajo/estudio tienes? De .... a ....
5. ¿Dónde desayunas normalmente? ☐ En mi casa. ☐ En el trabajo. ☐ En una cafetería. ☐ Otros: ....
6. ¿Cuándo ves la tele? ☐ Por la mañana. ☐ Por la tarde. ☐ Por la noche. ☐ Nunca.
7. ¿Quién prepara la cena en tu casa? ☐ La preparo yo. ☐ La prepara ....

2 [20] Escucha lo que dicen estas personas sobre lo que hacen a diario y escribe las acciones debajo de la foto correspondiente.

A 

....

B 

....

C 

....

D 

....

E 

....

F 

....

G 

....

H 

....

I 

....

2.1 [20] Vuelve a escuchar el audio y numera las imágenes según el orden en que realizan las acciones Sebastián, Julia y Andrea.

2.2 **En parejas** ¿Qué otras acciones cotidianas conoces asociadas a estos verbos? Haz una lista con tu compañero/a.

Leer	• *un libro* •	**Hacer**	• .... • .... • ....
Tomar	• .... •	**Lavarse**	• .... • ....
Jugar	• .... •	**Salir**	• .... • ....

> Asociar palabras a un verbo te ayuda a recordar sus posibles combinaciones y a fijar otras nuevas.

Gramática

1 Presente de indicativo: verbos irregulares

A. Verbos con irregularidad vocálica

	e > ie Cerrar	Otros verbos	o > ue Dormir	Otros verbos
yo	**cie**rro	emp**e**zar	**due**rmo	rec**o**rdar
tú	**cie**rras	com**e**nzar	**due**rmes	p**o**der
él, ella, usted	**cie**rra	mer**e**ndar	**due**rme	v**o**lver
nosotros/as	cerramos	qu**e**rer	dormimos	c**o**ntar
vosotros/as	cerráis	pref**e**rir	dormís	c**o**star
ellos, ellas, ustedes	**cie**rran	desp**e**rtarse	**due**rmen	ac**o**starse

	e > i Pedir	Otros verbos	u > ue Jugar
yo	**pi**do	r**e**írse	**jue**go
tú	**pi**des	rep**e**tir	**jue**gas
él, ella, usted	**pi**de	v**e**stirse	**jue**ga
nosotros/as	pedimos	m**e**dir	jugamos
vosotros/as	pedís	el**e**gir	jugáis
ellos, ellas, ustedes	**pi**den	corr**e**gir	**jue**gan

Fíjate:
Algunos verbos tienen un cambio ortográfico para conservar el sonido original del infinitivo. Este cambio no se considera una irregularidad:
*co**g**er* > *co**j**o; conven**c**er* > *conven**z**o; se**gu**ir* > *si**g**o...*

Fíjate:
Jugar es el único verbo con la irregularidad *u > ue.*

RAE

GRAMÁTICA

Recuerda que la forma vos se usa principalmente en Argentina, Uruguay y Paraguay.
El presente de la forma ***vos*** es regular: *vos* pensás, tenés, dormís, jugás, pedís, decís...:
*Vos **pensás** así porque no **tenés** hijos...*
*Eso que **vos decís** es lo mismo que **decís** que decía Perón...*

- Los verbos ***tener*** y ***venir*** tienen doble irregularidad:
  ***tengo**, **tie**nes, **tie**ne, tenemos, tenéis, **tie**nen*
  ***vengo**, **vie**nes, **vie**ne, venimos, venís, **vie**nen*
- Recuerda que los verbos ***ser***, ***estar*** e ***ir*** tienen una irregularidad propia:
  ***soy**, **eres**, **es**...; **estoy**, **estás**, **está**...; **voy**, **vas**, **va**...*

B. Verbos que tienen la primera persona *(yo)* irregular

Hacer
hago
haces
hace
hacemos
hacéis
hacen

Otros verbos		
saber	>	**sé**
salir	>	**salgo**
poner	>	**pongo**
dar	>	**doy**
ver	>	**veo**
conocer	>	**conozco**

1.1 Completa el cuadro según el modelo.

FORMA	PERSONA	INFINITIVO	IRREGULARIDAD
cuenta	*él, ella, usted*	*contar*	*o > ue*
salgo			
duermen			
empiezas			
pongo			
juegas			
piden			

2 Verbos reflexivos

- Los verbos reflexivos se forman añadiendo los siguientes pronombres:

	Ducharse
yo	**me ducho**
tú	**te duchas**
él, ella, usted	**se ducha**
nosotros/as	**nos duchamos**
vosotros/as	**os ducháis**
ellos, ellas, ustedes	**se duchan**

Levantarse, lavarse, despertarse, acostarse, vestirse, apellidarse, llamarse... también son reflexivos:

Yo me ducho dos veces al día, una por la mañana y otra por la noche.

2.1 Completa las formas que faltan de cada verbo.

e > ie Despertarse		e > i Vestirse	
me	despierto	....	....
....	....	....	....
....	....	se	viste
....	....	....	....
os	despertáis	....	....
....	....	se	visten

o > ue Acostarse		1.ª persona irregular Caerse	
....	....	....	....
te	acuestas	te	caes
....	....	....	....
nos	acostamos	....	....
....	....	....	....
....	....	se	caen

3 Relaciona los siguientes infinitivos con el nombre adecuado.

1. Hacer	a. un cuento.
2. Poner	b. la lavadora.
3. Pedir	c. de casa.
4. Contar	d. la cama.
5. Dar	e. un paseo.
6. Salir	f. una *pizza*.

3.1 [21] Escucha lo que dicen estas personas sobre su día a día para comprobar tu respuesta anterior.

3.2 [21] Vuelve a escuchar y relaciona a las personas con las imágenes a través de las acciones que realizan.

A Persona ....

B Persona ....

C Persona ....

D Persona ....

E Persona ....

F Persona ....

4 Lee el texto y completa con las formas adecuadas de los verbos.

¡Hola! [1] .... (Llamarse) Javier. [2] .... (Tener) 39 años y [3] .... (vivir) en Cali. Por la mañana [4] .... (levantarse), [5] .... (desayunar) y [6] .... (ducharse). A las siete y media [7] .... (salir) de casa porque [8] .... (empezar) a trabajar a las ocho. [9] .... (Trabajar) hasta las cuatro. A la una del mediodía [10] .... (hacer) un descanso y [11] .... (tomar) un sándwich y una fruta. Por la tarde, [12] .... (volver) a casa. A veces, cuando [13] .... (llegar) cansado, [14] .... (dormir) un rato o [15] .... (escuchar) música. Si no [16] .... (estar) cansado, [17] .... (dar) un paseo, [18] .... (ir) al gimnasio, [19] .... (hacer) la compra... Por la noche, [20] .... (preparar) la cena y después [21] .... (leer) un poco o [22] .... (ver) la tele. Normalmente [23] .... (acostarse) a las once de la noche, porque al día siguiente [24] .... (despertarse) muy pronto.

Practica en contexto

1 Lee la información de esta web de viajes sobre los horarios y los días festivos en Argentina y di si las afirmaciones son verdaderas o falsas.

HORARIOS Y DÍAS FESTIVOS EN ARGENTINA

HORARIO COMERCIAL

El horario de las tiendas es normalmente de 9:00 a 20:00, aunque a veces cierran para hacer una pausa a mediodía. Los sábados el horario es de 9:00 a 13:00. Los centros comerciales abren todos los días de la semana (incluidos los domingos) de 10:00 a 22:00.

RESTAURANTES

Normalmente se puede comer desde las 12:00 y se puede cenar desde las 20:30. Siempre se puede comer algo rápido en una cafetería, una pizzería, locales de comida rápida o en un puesto callejero, pues casi siempre están abiertos.

OFICINAS PÚBLICAS Y BANCOS

El horario habitual de las oficinas estatales es de 09:00 a 12:00 y de 13:00 a 19:00. Los bancos atienden al público de lunes a viernes, entre las 10:00 y las 15:00.

PRINCIPALES FIESTAS ARGENTINAS

1 de enero	Año Nuevo
24 de marzo	Día Nacional de la Memoria por la Verdad y la Justicia
2 de abril	Día del Veterano y de los Caídos en la Guerra de las Malvinas
(fecha variable)	Viernes Santo
1 de mayo	Día del Trabajo
25 de mayo	Día de la Revolución de Mayo
20 de junio	Día de la Bandera
9 de julio	Día de la Independencia
12 de octubre	Día de la Diversidad Cultural Americana
8 de diciembre	Día de la Inmaculada Concepción de María
25 de diciembre	Navidad

Los meses del año

- enero
- febrero
- marzo
- abril
- mayo
- junio
- julio
- agosto
- septiembre
- octubre
- noviembre
- diciembre

Para hablar de fechas se usa *el* + día + *de* + mes:
*El Día de la Independencia en Argentina es **el 9 de julio**.*

1. Todas las tiendas cierran para comer. .... V F
2. Los centros comerciales abren todos los días. .... V F
3. Se puede cenar en los restaurantes argentinos desde las ocho y media de la tarde. .... V F
4. Las oficinas públicas abren por la mañana y por la tarde. .... V F
5. El horario de atención al público en los bancos es hasta las cuatro de la tarde. .... V F
6. El 20 de junio se celebra el Día de la Independencia. .... V F

RAE **ORTOGRAFÍA**

- Se escriben con mayúscula inicial los nombres y adjetivos de festividades religiosas o civiles, como por ejemplo *Navidad, Año Nuevo, Día de la Diversidad Cultural Americana...*: *Cierra los ojos, ábrelos, y ya es mañana, la **Navidad**.*
- Los días de la semana y los meses del año se escriben con minúscula:
  *El **jueves** 27 de **agosto** es el cumpleaños de Marina. ¡No lo olvides!*
- Cuando el nombre de una festividad contiene un día o un mes, este se escribe con mayúscula:
  *Las fechas de **Jueves Santo** y **Viernes Santo** son variables porque dependen del calendario lunar.*
  *El 25 de mayo se celebra el **Día** de la Revolución de **Mayo**.*

1.1 **Todo el grupo** Compara estos horarios con los de tu país. ¿En qué se parecen y en qué se diferencian? Cuéntaselo a tus compañeros.

1.2 **Todo el grupo** ¿Cuáles son las principales fiestas de tu país? ¿Cuándo se celebran? Elabora un calendario con las fiestas más importantes de los próximos meses y compártelo con tus compañeros.

2 Aquí tienes los horarios de dos museos españoles: el Museo del Prado (Madrid) y el MUSAC (León). Intercambia información con tu compañero/a.

Museo del Prado

Estudiante A

HORARIO

Abierto
De lunes a sábado: 10:00-20:00 h
Domingos y festivos: 10:00-19:00 h

Horario reducido
6 de enero, 24 y 31 de diciembre:
10:00-14:00 h

Días y horas de entrada gratuita
De lunes a sábado de 18:00 a 20:00 h
Domingos y festivos de 17:00 a 19:00 h

Cerrado
1 de enero, 1 de mayo y 25 de diciembre

1. ¿Qué días cierra el MUSAC? ....
2. ¿Cierra a mediodía? ....
3. ¿Qué días abre solo por la mañana? ....
4. ¿Cuál es el horario de martes a viernes? ....
5. ¿Cuál es el horario durante los fines de semana? ....
6. ¿Qué días del año es gratuita la entrada? ....

Preguntar por los horarios
- ¿Cuál es el horario de...?
- ¿Qué días abre/cierra...?
- ¿A qué hora abre/cierra...?

Hablar de los horarios
- a las...
  *El museo cierra **a las** siete de la tarde.*
- de... a...
  *El horario de las tiendas normalmente es **de** 09:00 o 10:00 **a** 20:00 h.*
- desde la/las... hasta la/las...
  *Normalmente las cocinas abren **desde las** 11:00 **hasta las** 23:30 h.*
- hasta las...
  *En Ciudad de México algunos bancos abren **hasta las** siete de la tarde.*
- entre las... y las...
  *Los bancos atienden al público de lunes a viernes, **entre las** 09:00 **y las** 16:00 h.*

MUSAC

Estudiante B

HORARIO

Abierto
De martes a viernes: 11-14 h/17-20 h
Sábados, domingos y festivos: 11-15 h/17-21 h

Cerrado
Lunes (incluyendo festivos), 1 de enero y 25 de diciembre

Horario reducido
6 de enero, 24 y 31 de diciembre:
10:00-14:00 h

Días y horas de entrada gratuita
De martes a jueves de 19:00 a 20:00 h
Domingos de 17:00 a 21:00 h
Día Internacional de los Museos,
23 de abril, 12 de octubre y 6 de diciembre

1. ¿Cuál es el horario del Museo del Prado de lunes a sábado? ....
2. ¿A qué hora cierra los sábados? ....
3. ¿Hasta qué hora abre los domingos y festivos? ....
4. ¿Cuál es el horario del museo el 24 de diciembre? ....
5. ¿Desde qué hora es gratis la entrada? ....
6. ¿Qué días cierra? ....

3 [22]

Escucha lo que hacen Gema y Ernesto un día normal y marca la información correspondiente a cada uno.

Gema
35 años. Ingeniera

- [ ] 1. Se despierta a las 7:00. [ ]
- [ ] 2. Se despierta a las 6:30. [ ]
- [ ] 3. Se ducha por la mañana. [ ]
- [ ] 4. Come a las 14:00. [ ]
- [ ] 5. Come a media mañana. [ ]
- [ ] 6. Duerme la siesta después de comer. [ ]
- [ ] 7. Corre. [ ]
- [ ] 8. Da un paseo. [ ]
- [ ] 9. Se ducha antes de cenar. [ ]
- [ ] 10. Pide una *pizza*. [ ]
- [ ] 11. Juega con el ordenador. [ ]
- [ ] 12. Se acuesta pronto. [ ]

Ernesto
16 años. Estudiante

Relacionar dos acciones temporalmente

- ***después de*** + infinitivo/nombre
  Después de *ducharme/la ducha me visto.*
- ***antes de*** + infinitivo/nombre
  Todos los días corro por el parque ***antes de*** *cenar/la cena.*

3.1 **En parejas** ¿Tú haces estas cosas habitualmente? ¿Cuáles sí y cuáles no? ¿A qué hora?

4

Carolina y Javi son compañeros de piso y por la mañana cada uno tiene rutinas diferentes. Lee la información, ordena las acciones de cada uno y completa.

- [ ] Ducharse: 8:30
- [ ] Desayunar: 8:00
- [ ] Salir de casa: 9:00
- [ ] Vestirse: 8:45
- [ ] Maquillarse: 8:50

- [ ] Salir de casa: 9:00
- [ ] Desayunar: 8:40
- [ ] Ducharse: 8:00
- [ ] Afeitarse: 8:15
- [ ] Vestirse: 8:25

Carolina primero ...., luego .... y ...., después .... y, por último, ...

Javi primero ...., luego .... y ...., después .... y por último, ...

Ordenar las acciones en el tiempo

- primero
- luego/después
- por último

Primero *desayuno,* ***luego*** *me ducho,* ***después*** *me visto y,* ***por último****, me lavo los dientes.*

4.1 **Todo el grupo** Piensa en tu rutina y cuéntale a la clase lo que haces y en qué orden en un día normal.

5 **En parejas** Observa la agenda de este mes de Sara. ¿Con qué frecuencia realiza estas actividades? Fíjate en el ejemplo.

Ejemplo: *Sara* ***estudia*** *en la biblioteca* ***dos veces a la semana****.*

JUNIO

Lunes	Martes	Miércoles	Jueves	Viernes	Sábado	Domingo
Biblioteca 1	Salsa 2	Piscina 3	Tenis 4	Biblioteca 5	Súper Cine con Virginia y Santi 6	Celebrar mi cumpleaños 7
Biblioteca 8	Salsa 9	Piscina 10	Club de lectura 11	Biblioteca 12	Súper 13	Tapas con amigos 14
Biblioteca 15	Salsa 16	Piscina 17	Tenis 18	Biblioteca 19	Súper 20	Comida familiar 21
Biblioteca 22	Salsa 23	Piscina 24	Tenis Club de lectura 25	Biblioteca 26	Súper Cena de amigas 27	Reunión amigos universidad 28
Biblioteca 29	Salsa 30	1	2	3	4	5

Hablar de la frecuencia

- ***los*** + día de la semana
  Los lunes voy al gimnasio por la tarde.

  el lunes › **los** lunes
  el sábado › **los** sábados

- (casi) **todos los** días/meses/años/fines de semana
- (casi) **todas las** mañanas/tardes/noches/semanas
- **una vez/n.º de veces al** día/**a la** semana/**al** mes/**al** año
- **normalmente**
- **a veces**
- (casi) **siempre**
- (casi) **nunca**

Fíjate:
No tomo café ***nunca****.*
› ***Nunca*** *tomo café.*

Actividades	Frecuencia
1. Estudiar en la biblioteca. 2. Bailar salsa. 3. Celebrar el cumpleaños. 4. Hacer la compra. 5. Salir con los amigos. 6. Jugar al tenis. 7. Reunirse en el club de lectura. 8. Comer en casa de sus padres. 9. Ir a la piscina.	• los miércoles • una vez a la semana • una vez al mes • dos veces al mes • dos veces a la semana • tres veces al mes • una vez al año • casi todos los fines de semana • todos los sábados

5.1 **Todo el grupo** Marca la frecuencia con la que tú realizas estas actividades. Después cuéntaselo a la clase.

	Todos los días	Casi todos los días	A veces	Casi nunca	Nunca	Una vez al día/a la semana/al mes/al año	N.º de veces al día / a la semana/al mes/al año
Hacer la compra.	☐	☐	☐	☐	☐	☐	☐
Lavarte los dientes.	☐	☐	☐	☐	☐	☐	☐
Ir al dentista.	☐	☐	☐	☐	☐	☐	☐
Ir a la biblioteca.	☐	☐	☐	☐	☐	☐	☐
Cocinar.	☐	☐	☐	☐	☐	☐	☐
Tomar café.	☐	☐	☐	☐	☐	☐	☐
Acostarte pronto.	☐	☐	☐	☐	☐	☐	☐
Pedir una *pizza*.	☐	☐	☐	☐	☐	☐	☐
Comer en un restaurante.	☐	☐	☐	☐	☐	☐	☐
Poner la lavadora.	☐	☐	☐	☐	☐	☐	☐

HORARIOS ESPAÑOLES

1 Lee el siguiente texto de la revista *Comida y salud* sobre las costumbres de los españoles en horarios y comidas.

¿Cuántas veces comen al día los españoles?

Los españoles realizan mayoritariamente tres comidas diarias: el desayuno, la comida del mediodía y la cena, y solo el 28 % toma algo a media mañana y merienda a media tarde. En días laborables el desayuno lo hace un 95.4 % de los españoles. Un dato curioso es que los estudiantes son los que menos desayunan. La merienda es la comida menos importante: normalmente solo meriendan los menores de 12 años y los mayores de 60.

¿Dónde comen?

La mayoría de los españoles desayuna y cena en su casa. El trabajo es la razón principal para comer fuera de lunes a viernes. Las comidas que más se hacen fuera de casa a diario son, especialmente, el almuerzo o el desayuno de media mañana, que suelen realizarse en el trabajo o en la calle en una cafetería. Los fines de semana muchos españoles comen o cenan fuera de casa para disfrutar de su tiempo libre.

¿Cómo comen?

Los españoles invierten alrededor de 15 minutos en el desayuno y entre 30 y 40 minutos en las comidas y las cenas.

Las dos comidas principales (la del mediodía y la cena) se hacen tranquilamente, sentados y conversando, tanto a diario como los fines de semana. Sin embargo, los menores de 30 años normalmente comen y cenan viendo la televisión.

¿Cuándo comen?

Los horarios dependen del tipo de trabajo, pero una cosa está clara: en España todo ocurre más tarde que en otros países. Normalmente los españoles desayunan entre las siete y media y las nueve de la mañana. A mediodía comen entre la una y media y las tres y media de la tarde. Por la noche cenan entre las nueve y las once. ¿Qué te parece?

1.1 **En parejas** Comenta las siguientes cuestiones con tu compañero/a. ¿Coincidís?

- ¿Dónde comes normalmente?
- ¿Cuántas veces comes al día?
- ¿Cuánto tiempo dedicas a las comidas?
- ¿Ves la televisión cuando comes?

2 **En parejas** Fíjate en el gráfico de los horarios. ¿Qué diferencias hay entre España y los otros países?

2.1 **Todo el grupo** Completa la columna "Mi país" y explícale al resto de la clase cómo se reparte el tiempo en el lugar donde vives.

En mi país la gente duerme hasta las...

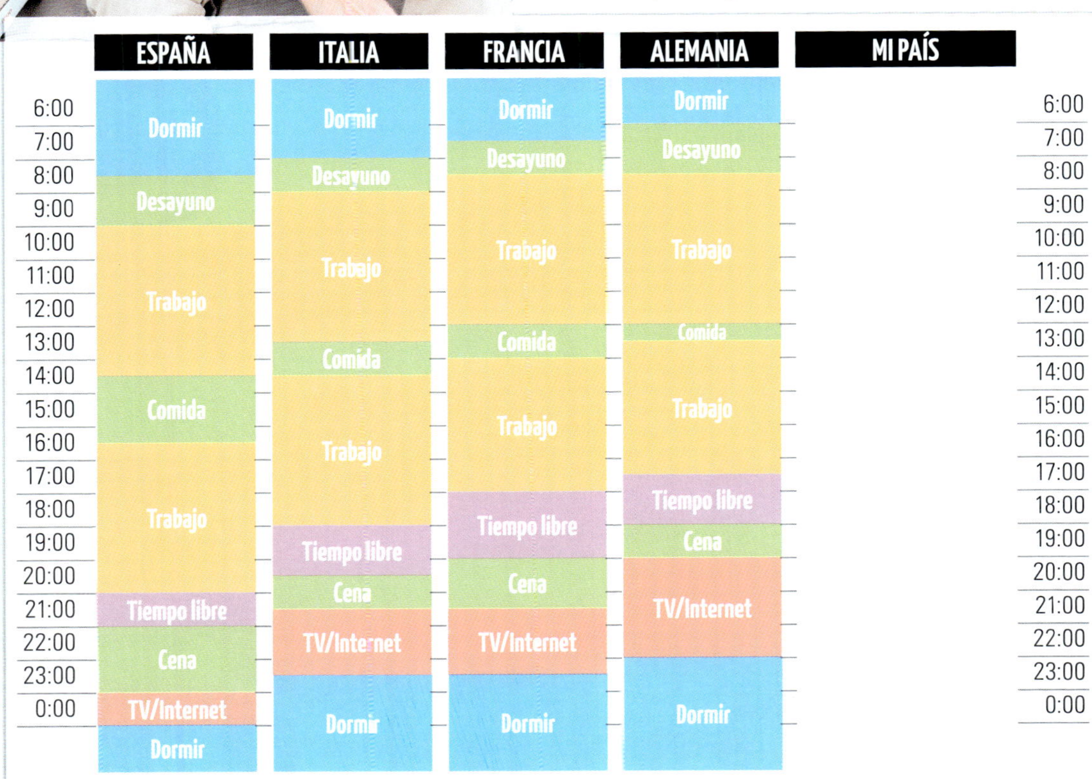

Datos procedentes de elpais.com (https://verne.elpais.com/verne/2016/03/18/articulo/1458309794_132930.html).

Vídeo

HOSTAL Babel

El olor de tu café

Antes del vídeo

1 **Todo el grupo** Observa la fotografía. ¿Qué parte del día crees que es? ¿Por qué?

2 **En parejas** Haz con tu compañero/a una lista de los alimentos que hay en la mesa.

Durante el vídeo

3 **En parejas** Visiona el fragmento 00:30 ▶ 01:07 sin sonido y con tu compañero/a crea el diálogo. Luego pon de nuevo el vídeo sin sonido y dobla a las actrices.

3.1 Ahora visiónalo con sonido. ¿Qué pareja tiene un diálogo más parecido al original?

4 Visiona el fragmento 00:46 ▶ 01:23 y contesta a las preguntas.

1. ¿A qué hora se despierta normalmente Carla?
2. ¿A qué hora desayuna normalmente Carla?
3. ¿A qué hora están desayunando hoy en el hostal Babel?
4. ¿Por qué tiene que levantarse hoy más temprano Carla?
5. ¿A qué hora empieza a trabajar hoy Carla?

5 ¿En qué orden crees que hace estas cosas Bea?

☐ Desayunar. ☐ Ducharse. ☐ Levantarse.

☐ Empezar a trabajar. ☐ Ir al gimnasio.

5.1 Ahora visiona el fragmento 01:29 ▶ 01:51, completa la información y comprueba tu respuesta anterior.

Primero [1] ...., luego [2] .... y [3] .... y después [4] .... Por último, [5] ....

6 Visiona el fragmento 01:50 ▶ 03:02 y di si las siguientes afirmaciones son verdaderas o falsas.

1. Bea se acuesta la última en el hostal Babel. .... V F
2. Bea se acuesta normalmente a medianoche. .... V F
3. Bea se acuesta más tarde que Carla. .... V F
4. Leo cena muy pronto. .... V F
5. Después de cenar, Leo ve normalmente la televisión. .... V F
6. Carla trabaja por la mañana y estudia por la tarde. .... V F
7. Carla estudia antes de cenar. .... V F

RAE **LÉXICO**
Recuerda que al hablar de las partes del día se usa **por** (España) o **en** (América). Pero en Argentina y en algunos lugares de España como el País Vasco y Cataluña se usa **a**: *Acá me dicen que nos podemos ir todos a dormir y volver mañana **a la mañana** para el traslado.*

7 **En parejas** Aquí tienes un fragmento de la conversación entre Tere, Carla y Bea. Ordénalo. Luego compara con tu compañero/a.

- [ ] Tere: Tengo cita con el dentista.
- [ ] Carla: Mirá, hablando de chicas estudiosas y responsables…
- [ ] Carla: ¿Y por qué te levantás tan temprano hoy, Tere?
- [ ] Tere: ¡Qué bien huele! ¿Puedo ponerme un café?
- [ ] Tere: ¡Ni yo! Nunca me levanto tan pronto.
- [ ] Bea: Lo sé, lo sé.
- [ ] Bea: Claro. Nunca pruebas mi café cuando está recién hecho.
- [1] Tere: ¿Eso que huelo es el café de Bea?
- [ ] Bea: ¡Qué temprano estás hoy levantada, Tere! ¡No puedo creerlo!
- [ ] Tere: Sí. Yo creo que es la primera vez desde que estoy en este hostal. ¡Me encanta tu café, Bea!

7.1 Visiona el fragmento 03:00 ▶ 03:42 sin sonido y haz los cambios necesarios según los gestos que observas.

7.2 Ahora visiónalo con sonido para comprobar. ¿Te ha ayudado verlo sin sonido para ordenarlo? ¿Cómo?

8 Visiona el fragmento 03:34 ▶ 04:18 y completa la información de la agenda de Tere para hoy.

Calendario

Hoy

08:30	
	clase
12:30	
	clase de Estadística
17:30	(2 h)

Mañana

9:30 clase

9 Fíjate en el gesto que hace Leo en el fragmento 04:48 ▶ 04:55. ¿Crees que le gusta el café?

Después del vídeo

10 **En grupos pequeños** ¿Qué desayunas tú normalmente? ¿Con quién sueles desayunar? ¿Es diferente el desayuno de los días de diario al de los fines de semana? Cuéntaselo a tus compañeros.

Evaluación

1 Escucha los siguientes diálogos y selecciona las horas que se dicen.

[23]

1. ☐ 11:50 – ☐ 1:50 3. ☐ 15:20 – ☐ 4:40 5. ☐ 16:30 – ☐ 6:30
2. ☐ 13:45 – ☐ 4:15 4. ☐ 12:55 – ☐ 11:05 6. ☐ 18:00 – ☐ 6:00

2 Completa el texto con el verbo adecuado en presente.

acostarse | cenar | quedar | tomar | desayunar | despertarse | dormirse | ducharse
empezar | trabajar | irse | jugar | hacer | salir | vestirse | volver (2)

Ana [1] .... a las siete, [2] .... en cinco minutos, [3] .... un café y una tostada, [4] .... y [5] .... a la universidad. Las clases [6] .... a las ocho y media. A las once y media [7] .... una pausa para el café y veinticinco minutos más tarde [8] .... a clase. A las dos [9] .... un bocadillo y una fruta con sus compañeros mientras hablan un rato. Por la tarde [10] .... de camarera en una cafetería. Cuando [11] .... a las ocho, [12] .... con sus amigas y [13] .... al baloncesto. Por la noche, a las nueve y media, [14] .... a casa y [15] .... con sus padres. A las once y media [16] .... [17] .... en un instante porque está cansadísima.

3 **En parejas** Clasifica los verbos de la actividad anterior en su lugar correspondiente de la tabla.

Regulares	Irregulares
....	e > ie: ...., ...
....	o > ue: ...., ..., ...
....	u > ue: ....
....	e > i: ....
....	Otros: ...., ..., ...
....	

4 Escribe ahora lo que haces tú en un día normal.

....

....

5 Completa las frases según tus hábitos.

Correr. | Hacer yoga. | Comer con la familia. | Hacer la compra. | Escuchar la radio. | Ver series. | Ver películas. | Ir de compras. | Salir con amigos. | Ir al dentista. | Leer el periódico. | Dormir la siesta.

1. No .... nunca.
2. Casi nunca ....
3. .... todos los días.
4. .... una o dos veces al mes.
5. .... una vez a la semana.
6. Normalmente .... por la mañana/tarde/noche.

6 Completa las frases con las preposiciones *a, de, por, desde, hasta, entre*.

1. Siempre me ducho .... la mañana.
2. .... mediodía hago una pausa para tomar un sándwich.
3. Los bancos abren .... las 3 .... la tarde.
4. Tengo clase de español .... las 9 .... las 10:30.
5. ¿................ qué hora cierra el supermercado?
6. Los restaurantes abren normalmente .... martes .... domingo, ... 12:30 .... 16.00 y .... 20:00 .... 23:30.
7. Siempre ceno .... las nueve y las diez .... la noche.
8. Mi cumpleaños es el 28 .... noviembre.

7 Relaciona la información de las columnas.

1. ¿A qué hora	a. cierra el museo?
2. ¿Qué hora	b. te levantas normalmente?
3. ¿Cuál	c. es en tu ciudad?
4. ¿Qué días	d. es el horario de las clases?

8 Responde a las preguntas con ayuda de las imágenes.

1. ¿Cuál es el horario de la biblioteca los martes? ....
2. ¿A qué hora sale el avión de Barcelona? ....
3. ¿Qué hora es en Frankfurt? ....
4. ¿Cuándo se celebra el Día de la Independencia de México? ....

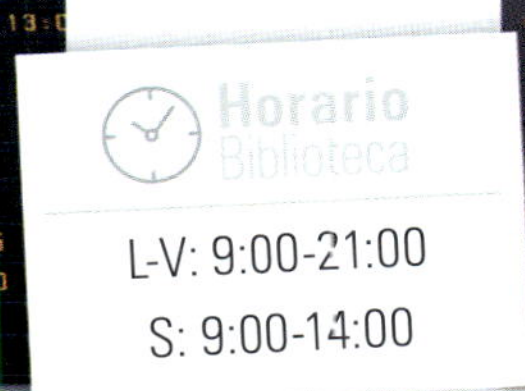

9 Marca las afirmaciones del apartado "Cultura" que son verdaderas.

1. ☐ Las únicas personas que meriendan son los mayores de 60 años.
2. ☐ El trabajo es la causa principal por la que los españoles comen fuera de casa de lunes a viernes.
3. ☐ Normalmente los españoles comen en casa, pero cenan fuera.
4. ☐ Los españoles dedican poco tiempo al desayuno.
5. ☐ Los jóvenes siempre desayunan mucho.
6. ☐ Normalmente los menores de 30 años ven la tele mientras comen o cenan.
7. ☐ Los alemanes se acuestan temprano.
8. ☐ Los españoles tienen poco tiempo libre.

Apéndices

Pronunciación y ortografía

Ficha 1 La sílaba

1 Lee la información y divide las palabras en sílabas.

La sílaba

- En español, las palabras se dividen en **sílabas**:
  ca-sa, tren, ex-tran-je-ro
- Hay palabras formadas por una, dos, tres, cuatro o cinco sílabas:
  mar, si-lla, ven-ta-na, te-lé-fo-no, a-fir-ma-ti-vo

  También hay palabras con más de cinco sílabas *(i-be-ro-a-me-ri-ca-no)* pero son menos frecuentes.
- Una sílaba puede estar formada por:
  - una o varias vocales: *a-gua, ai-re*
  - una vocal y una consonante: *ca-sa, ir*
  - una vocal y varias consonantes: *a-mor, cla-se*

> Fíjate:
> No hay sílabas solo con consonantes.

- Cuando una palabra tiene dos o más sílabas, una de ellas se pronuncia con más énfasis que el resto. Es la **sílaba tónica**:
  ***ca**-sa, extran-**je**-ro, **si**-lla, ven-**ta**-na, te-**lé**-fo-no, a-fir-ma-**ti**-vo, a-**mor**, **cla**-se; **a**-gua*

2 Divide las palabras resaltadas en sílabas.

1 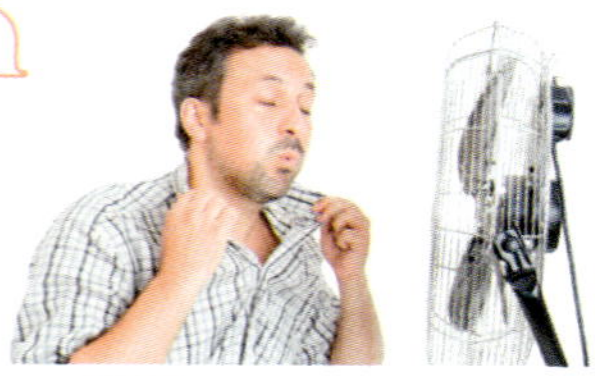
Tener **calor** ....

2 
Tener **sed** ....

3 
Tener **hambre** ....

4 
Mi **amiga** ....

5 
El **teléfono** ....

6 
El **pan** ....

7 
El **abanico** ....

8 
Los **zapatos** ....

9 
La **cama** ....

3 Escucha cómo pronuncia estas palabras tu profesor/a y marca la sílaba tónica.

4 Busca en la unidad palabras con una, dos, tres y cuatro sílabas y anótalas.

Ficha 2 Los sonidos

1 [43] Escucha los siguientes pares de palabras y repite. No importa ahora su significado.

- pero – perro
- peces – peses
- manco – mango
- jara – jarra
- casa – caza
- pagar – pajar
- sepa – cepa
- quiso – guiso
- suelo – suero
- helar – errar
- churro – chulo
- mesa – meza

2 [44] Marca las palabras que escuchas. No importa su significado.

- ☐ liga
- ☐ bajo
- ☐ zueco
- ☐ cazo
- ☐ loza
- ☐ perra
- ☐ rama
- ☐ guerra
- ☐ coro
- ☐ mango
- ☐ zeta
- ☐ hora

3 [45] Escucha la canción y marca las palabras que oyes.

- ☐ quinto
- ☐ cuántos
- ☐ Suiza
- ☐ Francia
- ☐ Marruecos
- ☐ tener
- ☐ café
- ☐ agua
- ☐ ¿Qué tal?
- ☐ sueco
- ☐ flamenco
- ☐ cinco
- ☐ México
- ☐ tango
- ☐ Guinea
- ☐ playa
- ☐ pagar
- ☐ rojo

4 Ahora lee la canción y comprueba tu respuesta anterior.

Mi casa está en un quinto piso,
desde aquí puedo ver todo Madrid.
Miro hacia el sur y me imagino
que me voy de viaje muy lejos de aquí.

Estribillo
Quiero viajar por todo el mundo,
desde Guinea hasta Hong Kong.
Quiero viajar por todo el mundo,
desde la India a Nueva York.

Ir a una playa al sur de Francia,
visitar La Habana y tocar el bongo,
cantar flamenco en Sevilla,
¿qué tal ir a Marruecos
y luego volar a Japón?

Estribillo

Sueño viajar por todo el planeta,
¡cuántos amigos deseo tener!
Sueño viajar por todo el planeta,
¡cuántos amigos deseo tener!

Bailar un tango en Argentina,
cantar en Memphis un *rock and roll*,
comer pimiento rojo en México,
cruzar la línea del ecuador.

Estribillo

Ficha 3 Vocales y diptongos

1 [46] Escucha y repite. No importa el significado de las palabras.

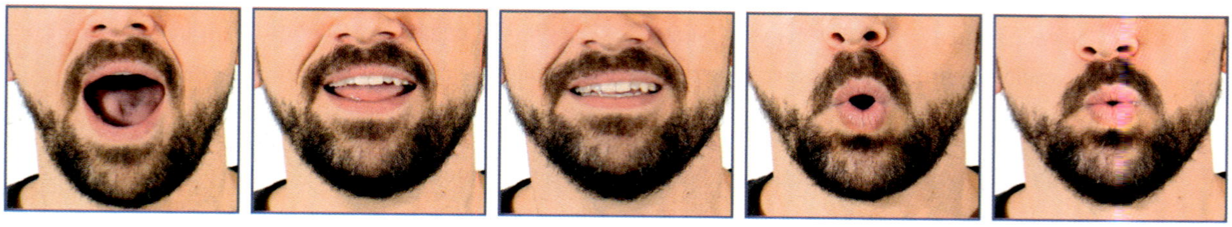

2 [47] Escucha y clasifica las palabras según la vocal que contienen.

A	E	I	O	U

3 [48] Escucha estas palabras que contienen diptongos en español.

> Un diptongo es la aparición en una misma sílaba de dos vocales distintas que se pronuncian juntas.

- **AI** › b**ai**-lar
- **EI** › p**ei**-ne
- **OI** › **oi**-go
- **AU** › **Au**-ro-ra
- **EU** › **Eu**-ro-pa
- **OU** › es-ta-d**ou**-ni-den-se
- **IA** › ma-g**ia**
- **IE** › h**ie**-lo
- **IO** › Ma-r**io**
- **UA** › g**ua**-po
- **UE** › h**ue**-vo
- **UO** › mons-tr**uo**
- **UI** › c**ui**-dar
- **IU** › c**iu**-dad

3.1 Ahora busca una palabra más para cada grupo. ¿Hay alguno que no puedes completar?

3.2 [49] Escucha estos pares de palabras. ¿Qué diferencia hay? ¿Significan lo mismo? ¿Se te ocurre alguno más? Anótalo.

- vida – viuda
- huevo – hubo
- mido – miedo
- piano – pino
- luego – Lugo
- lavo – labio

> Siempre debes pronunciar las dos vocales que forman el diptongo. Si no, puede haber confusiones, ya que hay palabras que solo se diferencian por una vocal.

*Tengo **miedo**.*

***Mido** dos metros diez.*

Ficha 4 Contraste de los sonidos /g/, /x/ y /k/ y las letras *g/j*

1 [50] Escucha estas series de palabras y repite. No importa su significado.

2 [51] Aquí tienes una serie de pares mínimos, parejas de palabras que son iguales excepto por un sonido. Marca, en cada par, cuál de ellas escuchas primero.

- casa – gasa
- coco – cojo
- lijar – ligar
- mago – majo
- goma – coma
- rasgar – rascar

3 [52] Lee la información y escucha la pronunciación de estas palabras.

Letras *g/j*

Sonido /x/	Sonido /g/
• **g** + e, i: *gente, girasol*	• **g** + a, o, u: *galleta, gordo, guapo*
• **j** + a, e, i, o, u: *jamón, jefe, jirafa, joven, jueves*	• **gu** + e, i: *Miguel, guitarra*

3.1 Completa las siguientes palabras con *g, gu* o *j*.

1. ca ..... ón	4. ..... ema	7. mon ..... a	10. ..... ato	13. á ..... ila	16. ..... azpacho
2. o ..... o	5. ..... irasol	8. ima ..... en	11. ..... orro	14. ..... afas	17. ..... ersey
3. má ..... ico	6. ..... untos	9. traba ..... o	12. ..... errero	15. ..... ía	18. abri ..... o

3.2 Relaciona algunas de las palabras anteriores con estas imágenes.

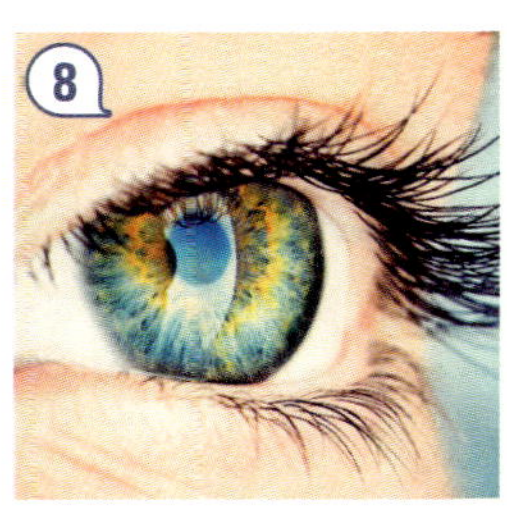

3.3 Ahora busca todas las palabras de la actividad 3.1 en el diccionario para comprobar que están bien escritas.

Ficha 5 Contraste de los sonidos /s/ y /θ/ y las letras *c/z/s*

1 [53] Escucha y repite. No importa el significado de las palabras.

1.1 [54] Ahora marca el orden en el que se dicen las siguientes palabras. No importa su significado.

☐ pazo	☐ poso	☐ loza	☐ losa	☐ paso
☐ asar	☐ pozo	☐ caso	☐ azar	☐ cazo

2 [55] Observa cómo se escriben estos sonidos. Luego escucha y escribe.

Fíjate:
En algunas zonas de España, así como en Hispanoamérica, se produce un fenómeno fonético conocido como **seseo**.
El seseo consiste en pronunciar las letras ***c*** (ante *e, i*) y ***z*** (ante *a, o, u*) con el sonido que corresponde a la letra ***s*** (/**s**/).

Letras *c/z/s*

Sonido /θ/	**Sonido /s/**
• **c** + e, i: *doce, cinco* • **z** + a, o, u: *Zaragoza, suizo, azul*	• **s** + a, e, i, o, u: *casa, piso, sueño, semana, siete*

1.	6.	11. ....
2.	7.	12. ....
3.	8.	13. ....
4.	9.	14. ....
5.	10.	15. ....

3 Relaciona algunas de las palabras anteriores con estas imágenes.

1 

2 

3 

4 

5 

6 

Tabla de verbos

Presente de indicativo

Verbos regulares

1.ª conjugación -AR CANTAR	2.ª conjugación -ER COMER	3.ª conjugación -IR VIVIR
canto	como	vivo
cantas	comes	vives
canta	come	vive
cantamos	comemos	vivimos
cantáis	coméis	vivís
cantan	comen	viven

Verbos reflexivos regulares

Bañarse	Ducharse	Lavarse	Levantarse	Peinarse
me baño	**me** ducho	**me** lavo	**me** levanto	**me** peino
te bañas	**te** duchas	**te** lavas	**te** levantas	**te** peinas
se baña	**se** ducha	**se** lava	**se** levanta	**se** peina
nos bañamos	**nos** duchamos	**nos** lavamos	**nos** levantamos	**nos** peinamos
os bañáis	**os**ducháis	**os** laváis	**os** levantáis	**os** peináis
se bañan	**se** duchan	**se** lavan	**se** levantan	**se** peinan

Verbos irregulares

Verbos con irregularidad vocálica

- **E > IE**

Cerrar	Comenzar	Despertarse	Divertirse	Empezar
ci**e**rro	comi**e**nzo	me despi**e**rto	me divi**e**rto	empi**e**zo
ci**e**rras	comi**e**nzas	te despi**e**rtas	te divi**e**rtes	empi**e**zas
ci**e**rra	comi**e**nza	se despi**e**rta	se divi**e**rte	empi**e**za
cerramos	comenzamos	nos despertamos	nos divertimos	empezamos
cerráis	comenzáis	os despertáis	os divertís	empezáis
ci**e**rran	comi**e**nzan	se despi**e**rtan	se divi**e**rten	empi**e**zan

Entender	Merendar	Pensar	Perder	Querer
enti**e**ndo	meri**e**ndo	pi**e**nso	pi**e**rdo	qui**e**ro
enti**e**ndes	meri**e**ndas	pi**e**nsas	pi**e**rdes	qui**e**res
enti**e**nde	meri**e**nda	pi**e**nsa	pi**e**rde	qui**e**re
entendemos	merendamos	pensamos	perdemos	queremos
entendéis	merendáis	pensáis	perdéis	queréis
enti**e**nden	meri**e**ndan	pi**e**nsan	pi**e**rden	qui**e**ren

- **O > UE**

Acordarse	Acostarse	Almorzar	Contar	Dormir	Encontrar
me acuerdo	me acuesto	almuerzo	cuento	duermo	encuentro
te acuerdas	te acuestas	almuerzas	cuentas	duermes	encuentras
se acuerda	se acuesta	almuerza	cuenta	duerme	encuentra
nos acordamos	nos acostamos	almorzamos	contamos	dormimos	encontramos
os acordáis	os acostáis	almorzáis	contáis	dormís	encontráis
se acuerdan	se acuestan	almuerzan	cuentan	duermen	encuentran

Poder	Recordar	Resolver	Soler	Soñar	Volver
puedo	recuerdo	resuelvo	suelo	sueño	vuelvo
puedes	recuerdas	resuelves	sueles	sueñas	vuelves
puede	recuerda	resuelve	suele	sueña	vuelve
podemos	recordamos	resolvemos	solemos	soñamos	volvemos
podéis	recordáis	resolvéis	soléis	soñáis	volvéis
pueden	recuerdan	resuelven	suelen	sueñan	vuelven

- **E > I**

Elegir	Pedir	Reírse	Repetir	Servir	Vestirse
elijo	pido	me río	repito	sirvo	me visto
eliges	pides	te ríes	repites	sirves	te vistes
elige	pide	se ríe	repite	sirve	se viste
elegimos	pedimos	nos reímos	repetimos	servimos	nos vestimos
elegís	pedís	os reís	repetís	servís	os vestís
eligen	piden	se ríen	repiten	sirven	se visten

- **U > UE**

Jugar
juego
juegas
juega
jugamos
jugáis
juegan

- **I > Y**

Concluir	Construir	Contribuir	Destruir	Huir
concluyo	construyo	contribuyo	destruyo	huyo
concluyes	construyes	contribuyes	destruyes	huyes
concluye	construye	contribuye	destruye	huye
concluimos	construimos	contribuimos	destruimos	huimos
concluís	construís	contribuís	destruís	huis
concluyen	construyen	contribuyen	destruyen	huyen

Verbos irregulares en la primera persona

- **Verbos en -ZC-**

Conducir	Conocer	Producir	Traducir	Obedecer
condu**zc**o	cono**zc**o	produ**zc**o	tradu**zc**o	obede**zc**o
conduces	conoces	produces	traduces	obedeces
conduce	conoce	produce	traduce	obedece
conducimos	conocemos	producimos	traducimos	obedecemos
conducís	conocéis	producís	traducís	obedecéis
conducen	conocen	producen	traducen	obedecen

Otros irregulares en primera persona

Caer	Hacer	Poner	Salir	Traer	Valer
caigo	**hago**	**pongo**	**salgo**	**traigo**	**valgo**
caes	haces	pones	sales	traes	vales
cae	hace	pone	sale	trae	vale
caemos	hacemos	ponemos	salimos	traemos	valemos
caéis	hacéis	ponéis	salís	traéis	valéis
caen	hacen	ponen	salen	traen	valen

Dar	Saber	Ver
doy	**sé**	**veo**
das	sabes	ves
da	sabe	ve
damos	sabemos	vemos
dais	sabéis	veis
dan	saben	ven

Verbos con dos irregularidades

Decir	Oír	Oler	Tener	Venir
digo	**oigo**	**hue**lo	**tengo**	**vengo**
d**i**ces	o**y**es	**hue**les	t**ie**nes	v**ie**nes
d**i**ce	o**y**e	**hue**le	t**ie**ne	v**ie**ne
decimos	oímos	olemos	tenemos	venimos
decís	oís	oléis	tenéis	venís
d**i**cen	o**y**en	**hue**len	t**ie**nen	v**ie**nen

Verbos con irregularidades propias

Haber	Ir	Estar	Ser
he	**voy**	**estoy**	**soy**
has	**vas**	**estás**	**eres**
ha	**va**	**está**	**es**
hemos	**vamos**	estamos	**somos**
habéis	**vais**	estáis	**sois**
han	**van**	**están**	**son**

Recuerda:

- El verbo ***haber*** solo se usa para formar los tiempos compuestos de los verbos.
- Cuando funciona como verbo impersonal, tiene una forma especial en presente, *hay*:

  Hay un árbol en la esquina.

  Hay árboles en el parque.
- El verbo ***estar*** cambia la sílaba tónica habitual del presente de indicativo en todas las personas excepto en *nosotros/as* y *vosotros/as* (por eso algunas formas llevan tilde).

Verbos que se construyen como *gustar*

Doler	Encantar	Molestar	Parecer
me **due**le/**due**len	me encanta/encantan	me molesta/molestan	me parece/parecen
te **due**le/**due**len	te encanta/encantan	te molesta/molestan	te parece/parecen
le **due**le/**due**len	le encanta/encantan	le molesta/molestan	le parece/parecen
nos **due**le/**due**len	nos encanta/encantan	nos molesta/molestan	nos parece/parecen
os **due**le/**due**len	os encanta/encantan	os molesta/molestan	os parece/parecen
les **due**le/**due**len	les encanta/encantan	les molesta/molestan	les parece/parecen

Imperativo afirmativo

Verbos regulares

	1.ª conjugación -AR CANTAR	2.ª conjugación -ER COMER	3.ª conjugación -IR VIVIR
tú	canta	come	vive
usted	cante	coma	viva
vosotros/as	cantad	comed	vivid
ustedes	canten	coman	vivan

Verbos irregulares

Irregularidades vocálicas

- **E > IE**

Cerrar	Empezar	Pensar
cierra	empieza	piensa
cierre	empiece	piense
cerrad	empezad	pensad
cierren	empiecen	piensen

- **O > UE**

Contar	Dormir	Volver
cuenta	duerme	vuelve
cuente	duerma	vuelva
contad	dormid	volved
cuenten	duerman	vuelvan

• U › UE

Jugar
juega
juegue
jugad
jueguen

• E › I

Elegir	Pedir	Vestir
elige	pide	viste
elija	pida	vista
elegid	pedid	vestid
elijan	pidan	vistan

• I › Y

Construir	Huir
construye	huye
construya	huya
construid	huid
construyan	huyan

Verbos completamente irregulares

Decir	Hacer	Ir	Oír	Poner	Salir	Ser	Tener	Venir
di	**haz**	**ve**	**oye**	**pon**	**sal**	**sé**	**ten**	**ven**
diga	**haga**	**vaya**	**oiga**	**ponga**	**salga**	**sea**	**tenga**	**venga**
decid	haced	id	oíd	poned	salid	sed	tened	venid
digan	**hagan**	**vayan**	**oigan**	**pongan**	**salgan**	**sean**	**tengan**	**vengan**

La 2.ª persona del plural *(vosotros/as)* del imperativo es siempre regular.

Verbos reflexivos

Acostarse	Despertarse	Dormirse	Levantarse	Reírse	Vestirse
acuéstate	despiértate	duérmete	levántate	ríete	vístete
acuéstese	despiértese	duérmase	levántese	ríase	vístase
acostaos	despertaos	dormíos	levantaos	reíos	vestíos
acuéstense	despiértense	duérmanse	levántense	ríanse	vístanse

Pretérito perfecto de indicativo

Verbos regulares

1.ª conjugación -AR CANTAR	2.ª conjugación -ER COMER	3.ª conjugación -IR VIVIR
he cantado	**he** comido	**he** vivido
has cantado	**has** comido	**has** vivido
ha cantado	**ha** comido	**ha** vivido
hemos cantado	**hemos** comido	**hemos** vivido
habéis cantado	**habéis** comido	**habéis** vivido
han cantado	**han** comido	**han** vivido

Participios irregulares

abrir › **abierto**	escribir › **escrito**	poner › **puesto**	romper › **roto**
cubrir › **cubierto**	hacer › **hecho**	prever › **previsto**	satisfacer › **satisfecho**
decir › **dicho**	imprimir › **impreso, imprimido**	resolver › **resuelto**	ver › **visto**
descubrir › **descubierto**	morir › **muerto**	revolver › **revuelto**	volver › **vuelto**

Glosario

	En mi lengua
A	
Abierto/a	
Abogado/a, el/la	
Abrigo, el	
Abrir	
Acá	
Acampada, la	
Aceptar	
Acostarse	
Adecuado/a	
Adosado/a	
Aeropuerto, el	
Afeitarse	
Afición, la	
Aficionado/a, el/la	
Afirmaciones, las	
Agenda, la	
Agradable	
Agua, el	
Ahí	
Aire acondicionado, el	
Alegre	
Alimento, el	
Al	
Almuerzo, el	
Alquilar	
Alquiler, el	
Allá	
Allí	
Amarillo/a	
Amigo/a, el/la	
Animal, el	
Antiguo/a	
Añadir	
Aparcamiento, el	
Apartamento, el	
Apellido, el	
Aprender	
Aquí	
Armario, el	

	En mi lengua
Arquitectura, la	
Arroba, la	
Arroz, el	
Artesanía, la	
Ascensor, el	
Así	
Atención, la	
Autobús, el	
Avión, el	
Ayuntamiento, el	
Azúcar, el	
Azul	
B	
Bailar	
Bajar	
Bajo/a	
Balcón, el	
Banco, el	
Bandera, la	
Baño, el	
Barato/a	
Barco, el	
Barrio, el	
Beso, el	
Biblioteca, la	
Bicicleta, la	
Bienestar, el	
Bienvenido/a	
Billete, el	
Blanco/a	
Boca, la	
Bocadillo, el	
Bolsa, la	
Bonito/a	
Bufé, el	
Bufete (de abogados), el	
Buscar	
Café, el	
Cafetería, la	
Calefacción, la	

	En mi lengua
Calle, la	
Callejero/a	
Cama, la	
Cansado/a	
Capital, la	
Caro/a	
Carrera (universitaria), la	
Casa, la	
Catedral, la	
Causa, la	
Celebrar	
Cementerio, el	
Cena, la	
Cenar	
Céntrico/a	
Centro, el	
Centro comercial, el	
Centro de salud, el	
Cerrado/a	
Cerrar	
Cerro, el	
Chalé, el	
Chile, el	
Cifra, la	
Cine, el	
Circuito, el	
Ciudad, la	
Civilización, la	
Claro/a	
Clásico/a	
Cocina, la	
Cocinar	
Coche, el	
Colega, el/la	
Colegio, el	
Colonial	
Colorido/a	
Comer	
Comida, la	

	En mi lengua
Cómodo/a	
Completar	
Conductor/a, el/la	
Contacto, el	
Contaminante	
Contar	
Contenedor, el	
Contento/a	
Cooperación, la	
Correo electrónico, el	
Correr	
Costar	
Costumbre, la	
Cuarto, el	
Cuento, el	
Cuero, el	
Cultura, la	
Cumpleaños, el	

D

Dato, el	
Delante	
Deletrear	
Dentista, el/la	
Deporte, el	
Deportivo/a	
Derecha, la	
Desarrollo, el	
Desayunar	
Desayuno, el	
Descansar	
Descanso, el	
Deseo, el	
Despertar(se)	
Después	
Detrás	
Día, el	
Difícil	
Dinero, el	
Dirección, la	

	En mi lengua
Discurso, el	
Diseñador/a gráfico/a, el/la	
Divertido/a	
Doble (adj.)	
Donar	
Donativo, el	
Dormitorio, el	
Ducha, la	
Ducharse	
Dulce	
Durante	

E

Ecológico/a	
Económico/a	
Edad, la	
Edificio, el	
Educación, la	
Emblemático/a	
Empezar	
Empresa, la	
Encantar	
Encuesta, la	
Entrada, la	
Equipamiento, el	
Escalera, la	
Escribir	
Esencia, la	
Espacioso/a	
Espectáculo, el	
Estación, la	
Estrella, la	
Estudio, el	
Excursión, la	
Extensión, la	

F

Fácil	
Farmacéutico/a, el/la	
Farmacia, la	

	En mi lengua
Favor, el	
Fecha, la	
Festividad, la	
Festivo/a	
Fomentar	
Formulario, el	
Frigorífico, el	
Frijol, el	
Fruta, la	
Fuente, la	

G

Gafas, las	
Garaje, el	
Gas, el	
Gastronomía, la	
Gente, la	
Gesto, el	
Gimnasio, el	
Gordo/a	
Grande	
Gratuito/a	
Guía, el/la	
Gustar	

H

Habitación, la	
Habitual	
Hacer	
Hermano/a, el/la	
Histórico/a	
Hora, la	
Horario, el	
Hospital, el	
Hostal, el	
Humanidad, la	

I

Ideal	
Identificar(se)	
Idioma, el	
Iglesia, la	

	En mi lengua
Importante	
Incluido/a	
Indígena, el/la	
Infantil	
Informal	
Ingeniero/a, el/la	
Interesante	
Invertir	
Ir	
Irregular	
Irse	
Isla, la	
Izquierda, la	

J

	En mi lengua
Jardín, el	
Jersey, el	
Jugar	

L

	En mi lengua
Lado, el	
Lana, la	
Largo/a	
Lavadora, la	
Lavar(se)	
Lavavajillas, el	
Leche, la	
Leer	
Lento/a	
Letra, la	
Levantar(se)	
Libre	
Libro, el	
Litro, el	
Llamativo/a	
Llegada, la	
Local, el	
Local (adj.)	
Localización, la	
Localizar	
Luego	
Lugar, el	
Lujo, el	
Luminoso/a	

M

	En mi lengua
Madre, la	
Maíz, el	
Mano, la	
Mañana, la	
Maquillaje, el	
Maquillar(se)	
Marca, la	
Maya	
Mayor	
Medioambiente, el	
Mediodía, el	
Menú, el	
Mercado, el	
Merendar	
Merienda, la	
Mesa, la	
Mesero/a, el/la	
Metro, el	
Microondas, el	
Mirador, el	
Mismo/a	
Moderno/a	
Montaña, la	
Monumento, el	
Mosaico, el	
Mucho/a	
Mueble, el	
Museo, el	

N

	En mi lengua
Nacionalidad, la	
Naranja, la	
Nativo/a, el/la	
Naturaleza, la	
Necesidad, la	
Nieto/a, el/la	
Noche, la	
Nombre, el	
Nunca	

O

	En mi lengua
Oficina, la	
Ojo, el	
Ordenador, el	

P

	En mi lengua
Padre, el	
Paella, la	
Palacio, el	
Panorámico/a	
Parada (de autobús), la	
Paraguas, el	
Pared, la	
Pareja, la	
Parque, el	
Pasear	
Paseo, el	
Patio, el	
Pedir	
Película, la	
Peligroso/a	
Pelo, el	
Peluquería, la	
Península, la	
Perro/a, el/la	
Pie, el	
Pinar, el	
Piscina, la	
Piso, el	
Pista (de tenis, de padel...), la	
Planta, la	
Plantación, la	
Plato (de comida), el	
Playa, la	
Plaza, la	
Poder	

	En mi lengua
Poner	
Práctico/a	
Preferir	
Preparar	
Prestigioso/a	
Problema, el	
Profesión, la	
Promover	
Puesto, el	
Punto, el	
Puntual	

Q

Querer	

R

Rápido/a	
Razón, la	
Realizar	
Recepción, la	
Recepcionista, el/la	
Relacionar	
Relajante	
Reloj, el	
Restaurante, el	
Rojo/a	
Ruido, el	
Ruidoso/a	
Ruina, la	

S

	En mi lengua
Sal, la	
Salir	
Salón, el	
Salud, la	
Saludar	
Segunda mano, (ser de)	
Seguro, el	
Selva, la	
Semana, la	
Sensibilización, la	
Series de televisión, las	
Serio/a	
Siempre	
Siesta, la	
Siguiente	
Silla, la	
Sociable	
Sofá, el	
Solidario/a	
Sostenible	
Suavizar	
Submarinismo, el	
Supermercado, el	

T

Tapa, la	
Tarta, la	
Taxi, el	
Teatro, el	
Teléfono, el	
Temprano	
Terminar	
Tiempo libre, el	
Tienda, la	
Tomar	
Tortilla, la	
Tostada, la	
Trabajador/a, el/la	
Trabajar	
Trabajo, el	
Tranquilidad, la	

	En mi lengua
Tranquilo/a	
Transporte, el	
Traslado, el	
Tren, el	
Triste	

U

Ubicación, la	
Urbanización, la	
Urbano/a	
Útil	

V

Variado/a	
Vaso, el	
Ventilador, el	
Verde	
Vestir(se)	
Vez, la	
Viajar	
Visionar	
Vistas, las	
Vivienda, la	
Volcán, el	
Volver	
Vuelo, el	

Y

Ya	
Yegua, la	
Yoga, el	

Z

Zapato, el	
Zapatilla, la	
Zona, la	

Créditos fotográficos

UNIDAD 1: Nos presentamos

Pág. 5: Policía Montado: Phil McDonald, Shutterstock.com; Coche Cuba: Javier González Leyva, Shutterstock.com; **Pág. 7:** Restaurante: Magdalena Paluchowska, Shutterstock.com; Samsung: ricochet64, Shutterstock.com; Tienda: Sorbis, Shutterstock.com; **Pág. 14:** Zócalo, México: Vincent St. Thomas, Shutterstock.com; **Pág. 18:** CocaCola: dimbar76, Shutterstock.com; Flamenco: criben, Shutterstock.com

UNIDAD 2: Mi casa, mi barrio

Págs. 20-21: La Rambla: Evgeniy Zhukov, Shutterstock.com; Málaga: Toni Genes, Shutterstock.com; **Pág. 22:** BCN: J2R, Shutterstock.com; **Pág. 29:** Bellavista: JeremyRichards, Shutterstock.com; Barrio El Carmen: Tupungato, Shutterstock.com; **Págs. 32-33:** BCN: nito, Shutterstock.com; Teatro Liceo: Iakov Filimonov, Shutterstock.com; La Boquería: Kaesler Media, Shutterstock.com; Mosaico Joan Miró: Fotokon, Shutterstock.com; Casa de los Paraguas: nito, Shutterstock.com; Fuente de Canaletas: Giorgiolo, Shutterstock.com; Farmacia Nadal: joan_bautista, Shutterstock.com; **Pág. 36:** Parada bus: Sittirak Jadlit, Shutterstock.com

UNIDAD 3: Vamos de viaje

Pág. 40: Metro Argentina: tateyama, Shutterstock.com; Bus EMT: Tupungato, Shutterstock.com; **Págs. 42-43:** Museo Nacional de Bellas Artes, Argentina: photosil, Shutterstock.com; Casa Rosada, Argentina: Angelo D'Amico, Shutterstock.com; Museo Teotihuacán: Fabio Imhoff, Shutterstock.com; **Pág. 46:** Guatemala: Lucy Brown - loca4motion, Shutterstock.com; **Pág. 48:** Hotel: Daniela Constantinescu, Shutterstock.com; **Págs. 50-51:** Plaza Garibaldi: NadyaRa, Shutterstock.com; Ciclotaxi: Byelikova Oksana, Shutterstock.com; **Pág. 52:** Cudillero: Natursports, Shutterstock.com; Barcelona: TTstudio, Shutterstock.com

UNIDAD 4: En familia

Pág. 56: Escaparate zapatos: Anrephoto, Shutterstock.com; **Pág. 58:** Fernando Trueba: Denis Makarenko, Shutterstock. com; Rafa Nadal: Leonard Zhukovsky, Shutterstock.com; Pau Gasol: Marcos Mesa Sam Wordley, Shutterstock.com; Penélope Cruz: Joe Seer, Shutterstock.com; Shakira: Kathy Hutchins, Shutterstock. com; Javier Bardem: Tinseltown, Shutterstock. com; Isabel Allende: Markus Wissmann, Shutterstock.com; **Págs. 68-69:** Familia Obama: Everett Collection, Shutterstock.com; Lady Gaga JStone, Shutterstock.com; Renée Zellweger: Everett Collection, Shutterstock.com; Zapato de Manolo Blahnik: Anrephoto, Shutterstock.com; Tienda de Custo Barcelona en la Diagonal (Barcelona): J2R, Shutterstock.com; Narciso Rodríguez: Everett Collection, Shutterstock.com; Carolina Herrera: s_bukley, Shutterstock.com; Custo Dalmau: Ovidiu Hrubaru, Shutterstock. com; Manolo Blahnik: Featureflash Photo Agency, Shutterstock.com; **Pág. 73:** Diseño de Custo Dalmau: Sam Aronov, Shutterstock.com; Diseño de Narciso Rodríguez: lev radin, Shutterstock.com; Diseño de Carolina Herrera: Ovidiu Hrubaru, Shutterstock.com; Zapatos diseñados por Manolo Blahnik: carrie-nelson, Shutterstock.com

UNIDAD 5: Igual que todos los días

Pág. 82: Barrio La Boca: prophoto14, Shutterstock.com
Pág. 83: Museo del Prado: milosk50, Shutterstock.com MUSAC: tichr, Shutterstock.com

Apéndice: Pronunciación y ortografía

Pág. 95: Flamenco: Krzyzak, Shutterstock.com

Notas

Notas